高等教育教学理论与实践研究

薛宇峰 ◎ 著

吉林出版集团股份有限公司

图书在版编目（CIP）数据

高等教育教学理论与实践研究 / 薛宇峰著. — 长春：
吉林出版集团股份有限公司，2024.2
ISBN 978-7-5731-4642-7

Ⅰ. ①高… Ⅱ. ①薛… Ⅲ. ①高等教育－教育研究－
中国 Ⅳ. ①G649.21

中国国家版本馆 CIP 数据核字 (2024) 第 049953 号

高等教育教学理论与实践研究

GAODENG JIAOYU JIAOXUE LILUN YU SHIJIAN YANJIU

著　　者　薛宇峰

出版策划　崔文辉

责任编辑　刘　洋

助理编辑　邓晓溪

封面设计　文　一

出　　版　吉林出版集团股份有限公司

　　　　　（长春市福祉大路 5788 号，邮政编码：130118）

发　　行　吉林出版集团译文图书经营有限公司

　　　　　（http://shop34896900.taobao.com）

电　　话　总编办：0431-81629909　营销部：0431-81629880/81629900

印　　刷　廊坊市广阳区九洲印刷厂

开　　本　787mm×1092mm　　1/16

字　　数　220 千字

印　　张　13.5

版　　次　2024 年 2 月第 1 版

印　　次　2024 年 2 月第 1 次印刷

书　　号　ISBN 978-7-5731-4642-7

定　　价　78.00 元

如发现印装质量问题，影响阅读，请与印刷厂联系调换。电话：0316-2803040

前　言

　　高等教育的理论与实践是当今社会中最为关键、复杂且迫切的议题之一。随着科技的飞速发展、社会结构的变革以及全球化的加速，高等教育面临着前所未有的挑战和机遇。在这个充满变革和不确定性的时代，如何更好地理解和适应高等教育的本质，以培养具有创新力、批判性思维的人才，成为教育工作者、学者和决策者共同关心的核心问题。

　　本书旨在深入研究高等教育的教学理论与实践，以期为教育领域的专业人士、决策者和研究者提供深刻的见解和有益的启示。通过对高等教育的理论框架、教学方法、评估体系以及实际操作进行深入剖析，我们将试图解答一系列关键问题，如如何更好地激发学生的学习兴趣，促进他们综合素质的发展，以及如何构建一个创新、包容和有活力的学术环境。

　　此外，我们将关注高等教育的实践问题，探讨面对多元文化、跨学科和多模式学习等挑战时，教育机构如何更好地调整教学策略，以确保每个学生都能够得到充分的支持和发展机会。在此基础上，我们将深入研究教育评估的理论和实践，以确保对学生学习成果的科学和全面的评价。

　　最后，本书将总结成功的教学理论和实践经验，为各级高等教育机构提供可行的建议和借鉴。我们相信，通过深入研究和理解高等教育的理论与实践，可以为塑造更具有创造力和全球竞争力的学生做出贡献，推动高等教育在现代社会中的不断创新和进步。希望本书能够成为高等教育领域的学术参考和实践指南，促进教育体系的不断优化和发展。

目 录

第一章　高等教育管理概述

第一节　高等教育管理的基本概念

一、管理的一般概念

管理一般是指在特定的环境下，对组织所拥有的资源进行有效的计划、组织、领导和控制，以便完成既定的组织目标的过程。学科体系的理论研究中提到过，管理是人们依据社会发展的客观规律和在特定历史条件下对各种规律的表现方式有意识地调节社会系统内外的各种关系和资源，以便达到既定的系统目标的过程。很显然，这两个方面的表述并不矛盾，只是表述的方式稍有差别而已。前面的表述直接一些，比较简练直观，后面的表述比较宏观一些，从社会系统的角度和方法进行表述。

管理的含义包括以下三个方面的内容：

第一，管理是为实现组织目标服务的，是一个有意识的、有目的的活动过程。管理是任何组织不可或缺的，但绝不是孤立存在的。只要有组织及其活动，就存在管理问题。就管理本身而言，管理不具有自己的目标，不存在为管理而管理，没有活动也就不存在管理问题，管理是依附于活动而存在的，组织活动的目标就是管理的目标，而管理是服务于组织目标的。

第二，管理活动是通过一系列相互关联的资源要素所进行的，管理工作就是要综合运用组织中的各种资源要素，通过计划、组织、控制等来实现组织目标，达到活动的目的效果，这就成为管理的基本职能。

第三，从管理本身来讲，管理活动应该按照自己的规律进行，但是，现实管理活动中的资源并不是孤立存在的，管理工作是在一定环境条件下进行的，管理是一种社会活动，有效的管理必须充分考虑组织的特定环境。

"一般管理理论"最早诞生于法国。当泰勒及其追随者正在美国研究和倡导生产作业现场的科学管理原理和方法的时候，大西洋彼岸的法国诞生了组织管理的理论，被后人称之为"一般管理理论"或者"组织管理理论"。与泰勒主要研究基层作业的管理理论不同的是，"一般管理理论"是站在高层管理者的角度研究组织管理问题。在此基础上，现代管理理论的研究发展很快，形成了许多管理的经典理论和理论体系。根据研究管理对象的不同，管理可分为广义的管理和狭义的管理。广义的管理可以是针对大自然中的万事万物的管理；狭义的管理只是针对某项具体活动，以及这些活动中的资源所进行的计划、组织、领导、控制。一般我们研究的管理是指狭义的管理，是指组织管理、行为管理、活动管理。活动的结果，实际上是人的能动性的结果，管理的实质是人，是管理者与被管理者之间矛盾的解决。既然这样，那么，管理就是管理者、被管理者、事项三方形成的特定活动。

对于管理的分类，现代管理一般可以从多个方面来进行划分。一是从活动的规模与大小可以分为宏观管理和微观管理；二是从具体的活动内容可以分为综合管理和专项管理；三是从管理的形式上可以分为紧密管理和松散管理。当然，这些区分只是相对的。

二、管理的基本理论

管理的基本理论是很多的，特别是随着现代社会的发展，人们的认识水平的不断提高，社会活动的不断丰富，社会财富与利益驱动机制更加强烈，新的管理理论在创新，在发展。而系统管理理论、人本管理理论、目标管理理论、标准化管理理论、组织管理理论、模糊管理理论、混合管理理论等只是众多管理理论中的一部分,他们既是管理的理论,也是管理的思想和方法。

(一)系统管理理论

系统管理理论指出,管理的任务就是协调系统中的各个子系统以及系统要素,以保持系统的动态平衡,取得系统最佳运行效果。这种管理理论及其方法的核心是把管理作为一个整体的系统,系统就要有系统要素,系统要素就是人、物、活动及其项目。这种管理理论和方法一般应用在大的军事战略、建设工程、大型活动(内容复杂、组织规模大、投入量大、长时间与长周期)较为合适,当然,这些也只是相对的,因为大和小本身就是相对的。

(二)人本管理理论

人本管理理论和方法是以人为中心的管理,实际上,这种管理理论与方法是最难以做好的,如果把握不好,有时候甚至会出现偏颇。有效的人本管理实质是人的权力的利用和利益的分配,在这种过程中,既要尊重人,又要让人的潜能充分发挥。这是一对很特殊的矛盾,有时候往往是一个两难的矛盾。以人为本的管理目的就是发掘人的最大潜能这种潜能并不完全是指被管理者的,同时也包括管理者,管理者的潜能是工作的积极性和表现出来的工作效益,被管理者的潜能是管理者的思想和艺术施加结果的体现,二者的结合才能达到管理的最大效果。人本管理理论虽然是一个相对比较早的管理理论,但是在实践中得到成熟应用的并不是很多很好。究其原因,传统的、单纯的人本管理理论十分强调管理的"人"这个素质,可以说,低素质的人是绝对运用不好人本管理理论的,一个管不好自己的人同样也是管理不好别人的,更不用说有效地运用好人本管理理论。不过,现代的人本管理理论加入了一些新的元素,在人本管理中加入制度管理,人本管理加制度,形成一种新的意义上的人本管理理论,可以说是现代的人本管理理论的发展。

（三）目标管理理论

目标管理理论和方法是一种与利益相关联的刚性管理模式。这种管理理论和方法实际上是与价值理论密切相关的，甚至可以说是以价值理论为基础的。要有一个预先设置的价值目标，然后以这种价值目标的实现为核心而展开的管理活动。价值目标的认同是关键，是目标管理的前提。价值目标的确立也是十分重要的，价值目标必须通过全体成员认同。目标管理理论强调组织目标的制定要得到所有组织成员的认同，没有认同感的组织目标是不切实际的目标，是难以达到组织目标的。有人说目标管理只注重结果，这是十分错误的。最新的目标管理理论不仅仅是注重管理活动的一头一尾，除了最先确定价值目标、最终对完成价值目标的检验结果外，还对过程实施严格监督，让目标按既定的方向完成，不要等到问题成了堆，最后成为一个很糟糕的结果。既成事实不是目标管理的目的，要让管理者与被管理者通过共同努力，一步一步向既定目标靠近。实现以价值目标为中心而组织的目标管理活动，是一种刚性的量化管理，因此执行也是刚性的。目标管理理论除了注重价值目标外，具体的应用还有一个公平理论问题，这是由目标管理理论的刚性所决定的。

（四）标准化管理理论

这种管理理论和方法是在专业化管理的基础上，由管理者组织专家制定管理的标准，要通过一定的法律法规程序予以确定。这种管理的思想十分明确，最朴素的道理就是"没有规矩不能成方圆"。标准化管理虽然是组织和专家行为，但标准并不是武断和空穴来风，既要有权威性，又要有社会基础和群众基础，通过科学的过程来制定。在这一过程中有两个十分重要的方面，一个是标准的制定，另一个是标准的执行。第二个方面是标准化管理的要害，有时候可能还是成败的关键。在管理活动中，有了标准不好好的执行，或者执行起来走样，必将导致标准化管理的全面失败。当然，这不是标准化本身的问题，是实施标准化管理的实践问题。

（五）组织管理理论

组织管理理论和方法的实质是最高决策层通过设置管理的各级组织，

规定各级组织的职能，通过领导核心、组织授权、组织实施等进行的管理。组织管理的重点是组织结构的设计，关键是组织职能的授权。同时，也有人把它归结到组织的层级管理理论、组织的能级管理理论、组织的行为管理理论。组织管理理论要有严密的组织结构，要有明确的组织目标和组织功能，同时要有一套有效的组织运作机制；否则，再好的科学组织，再完善的组织功能，没有好的运作机制它不可能活起来，甚至导致组织管理活动不可能有效的展开。

（六）模糊管理理论

这是一种现代的管理思想和方法，特别是在软管理方面，运用模糊数学的管理思想与技术进行管理。这是一种在高层次的人群中实施的行为管理，是一种软性管理。简单管理没有必要运用模糊管理，一般是在复杂的、庞大的、中长周期的、高智商的管理活动中实施。

实际上，我们通常的组织活动中，特别是比较大的组织系统中，运用得比较多的是混合管理模式。混合管理是多种管理思想和方法的组合，在规模比较大的大型组织中，管理的内容比较复杂，头绪又很多，多种活动项目的性质差距较大，运用某一种方式来进行全盘的统领往往是不可能的，这就需要运用混合管理的理论和方法来完成。

三、高等教育管理概念

根据高等教育的目的和发展规律，调配高等教育资源，调节高等教育系统内外的各种关系，进行有效的计划、组织、领导和控制，以便达到既定的高等教育系统目标的过程。这是通常给出的高等教育管理的定义。

从教育管理的层面上讲，高等教育是中等教育基础之上的教育，因此，它是指高等教育这一特殊的专业层面上的管理。

从管理的分类上讲，也可以分为宏观高等教育管理和微观高等教育管理。从管理的内容上讲，可以分为宏观高等教育管理中的战略规划管理、宏观调控管理，微观高等教育管理中的教育组织内部的具体的教育管理活动。

从定义上分析，高等教育管理具有三层含义：

第一，高等教育管理的依据。高等教育管理的概念首先指明了高等教育管理活动的依据是高等教育的目的和发展规律。高等教育的目的是为社会提供各级各类高级专门人才。各级各类高级专门人才的教育是指：在类别上分为普通高等教育、成人高等教育，在性质上分为公办高等教育、民办高等教育，在层次上为专科教育、本科教育、研究生教育。这些教育的目的和目标是管理的根本依据。高等教育受到学生身心发展的影响，通过德育、智育、体育、美育等过程，培养全面发展的人。只有把人作为社会关系的总和来看待，才能对人的发展有全面的理解。因此，各级各类教育过程都有其自身的客观内在规律，只有正确认识它们的客观规律，才能实施科学的管理。高等教育必须受到一定社会的经济、政治、文化所制约，并为一定的经济、政治、文化发展服务。因此，生产力和科学技术的发展水平，社会的制度、文化传统都对高等教育活动产生制约：无论是国家宏观的高等教育发展政策的制定，还是高等学校培养人的过程，都必须遵循高等教育的目的和高等教育发展的客观规律。这也是高等教育管理的出发点。

第二，高等教育管理的任务。高等教育管理的概念指出了高等教育管理的任务，这就是有意识地调节高等教育系统内外各种关系和高等教育资源，以适应高等教育系统发展的客观规律。从一个国家或者地区来讲，高等教育系统是国家或者地区社会系统中的一个子系统。从高等教育组织系统来讲，高等学校也是一个社会子系统。由于系统中存在着多种矛盾，因此，高等教育管理的任务就是协调并最终解决系统中存在的矛盾。在高等教育管理中，要用系统论的眼光来设计高等教育的整体和各部分之间、要素与要素之间、学校系统与外部环境之间、学校系统内部的子系统之间的相互关系，树立整体的观念，并通过有效的管理实现系统要素间的整体优化。

第三，高等教育管理的目的。高等教育管理的概念还指明了高等教育管理的结果是不断促成高等教育系统目标的实现。高等教育管理的目的最终也只是高等教育目的的一种辅助性（工具性）目的。在高等教育系统中，培养人的目的是高等教育的根本目的，高等教育系统的一切工作（包括管理工作）都必须围绕这一目的展开。对高等教育系统中各种关系和资源的协调构成了高等教育管理的目的，它的目的是通过有效的管理，确保高等教育实质性目的的实现。因此，高等教育管理最终也只能是手段。当然由于高等教育管理有其自身的需要，其自身也有目的，如效率就是管理的目的之一，但它是通过有效的管理来保证高等教育目的有效实现的。

综上所述，不论是宏观的高等教育管理还是微观的高等教育管理，所依据的是国家的教育方针，组织的发展目标，活动的制度规则，高等教育的基本规律，社会政治、经济、文化的发展背景与环境，通过立法的、行政的、经济的、市场的等手段进行协调和控制，保证高等教育人才培养质量、推动科学文化知识创新、促进社会进步等目标的实现，最终实现高等教育的可持续发展。

第二节　高等教育管理的特点

事物之间的区别在于它具有一定的特点，有其特殊性。了解了高等教育管理的特点，我们就能遵循它的本质规律，有针对性地协调管理活动中的各种矛盾，清醒地驾驭各种管理活动。

一、高等教育管理目标的特殊性

高等教育系统目标的特殊性决定了高等教育管理目标的特殊性。高等教育系统的主要目标是根据高等教育的功能来确定的，因此，对管理的功能与目标相应地提出了它的特定要求。高等教育管理的功能就是要通过计划、组织、协调、控制等使高等教育更加符合社会发展的要求，符合社会生产力的要求，这种要求表现在教育的层次、结构、规模、质量等方面的目标上。另外，在微观方面，高等教育管理要使组织中的每个成员按高等教育规律办事，更好地完成既定的目标。高等教育系统的目标是根据高等教育规律和社会发展对高等教育的需求来制定的，所以，高等教育系统的协调活动也应该以高等教育的规律为指导，而不能简单地、照抄企业管理中的某些方式方法。从这个意义上说，高等教育的微观管理是以更好地培养人才并且着眼于提高人才的质量为根本目标的管理活动，它不能也无法以只追求经济效益（更不能以追求利润为目的）为目标。在市场经济体制下，高等教育要不要考虑经济效益的问题，一直以来都是政府行政管理部门和管理工作者闭口不谈的问题，好像一谈经济效益就乱，就偏离教育方向，而不谈经济效益就"死"。因为在市场经济体制下没有不讲经济效益的组织，没有不讲经济效益的管理活动。与行政管理、企业管理等其他管理有所不同的是，如何将社会效益和经济效益有机地结合，纳入高等教育管理目标中，正确地处理好社会效益与经济效益的关系，是高等教育管理工作者值得研究的，这也正反映了高等教育管理目标的特殊性。

高等教育管理具有两个最基本的目标功能：一是尽其所能地将系统内的各种关系和资源凝聚起来，形成一个整体，也就是管理的"维系"功能；二是最大限度地围绕系统的整体目标，发挥要素的主动性、积极性，更好地实现高等教育系统的整体目标，也就是管理的"结合"功能或"放大"功能。高等教育系统是由有关教育行政机关和各级各类高等学校所组成的系统，它的结构与功能与其他社会系统有所不同。高等教育在同其他社会系统进行物质、能量和信息交换的过程中，在为社会提供精神产品的同时，也提供物资产品。这种物资产品表现在劳动力方面、科学技术成果方面、现代文明与文化产品方面，也可能形成工业产品。高等教育系统是最具创造力的社会系统，通过各成员、各要素主观能动性的发挥，可以最大限度地实现"系统大于部分功能之和的效果"。但反过来，如果教育者及教育资源中的人的主观能动性发挥不好，这比其他任何社会系统都更有可能制约生产力的发展。所以，高等教育管理者要充分认识到这两大功能的特殊性，并注意将二者有机地结合起来，用凝聚力推进整体的结合力，用系统的发展加强整体的凝聚力。

二、高等教育管理资源的特殊性

不论是宏观高等教育管理还是微观高等教育管理，高等教育管理资源要素的特殊性具体表现在三个方面。第一，这是由一群高级知识分子组成的特殊群体，组织及其成员的特殊性就构成了要素的特殊性。从高等学校管理的主体和客体来看，即管理者和管理对象两个方面看，组成高等教育系统的主体要素之一是教师，其是创造和掌握专门知识的群体。因此，对他们的管理要符合这一群体的心理活动和以个人脑力劳动为主的集体性活动的特征。另外一个高等教育系统的主体性成员之一是学生，是一群18岁以上、受过完全中等教育的青年，对他们的管理和协调方式要符合他们身心发展阶段的特殊性。正是由于高等教育系统组成人员的特殊性，管理中存在着一种特殊的管理现象，这种现象强调和要求自我管理。应该说，自我管理是任何管理中都存在的一种现象，但是，在高等教育管理中，自我管理尤为重要，他是一种身心和智力发展的自我管理，他们需要学到或养成具有自我管理、自我组织、自我发展的能力。他们的心理特征也表明，在教育过程中，完全有必要让其发挥自己的自我组织管理能力，这样才能更好地促进发展。所以，管理对象是高等教育管理要素最重要的特点。第二，教育投资与经费的管理是一项复杂的工作，因为它的用途是复杂的，有时候还不能用绝对的量化管理来处理，有时候投入产出还不能短期内就能见到成效，经济回报率可能很低。这就是高等教育的经费管理有别于企业管理、行政管理、经济管理等的特殊性。第三，教学与科研的物资设备的管理特殊性，表现在这类资源不完全是生产性资源，这些物资设备是建立在教学科研功能上的，是为了完成教育教学实验实习、科学研究开发等。它不仅仅是一套设备，可能是一个一个教学实验和科学研究的基本平台。

高等教育资源的特殊性构成了高等教育管理的特殊性。高等教育资源是指整个社会用于教育领域中的人力、物力和财力以及知识产品、文化产品等的总和，有效的、可利用资源是指高等教育的主办者对高等教育的投入所形成的资源，主要表现在经费投资方面。社会用于教育资源的来源又与社会中的区域发展相关联，与政府对教育的投资相关联。教育是一种事业投资，但是它又不仅仅是纯粹的事业投资，因为他的投资对象决定了不可能完全是事业投资，事业的投资对象主要是对针对公共事业，公共事业是针对大众的，基本上所有的民众都可以享受到。而高等教育的对象群体不是单纯的享受公共事业的群体，毕竟当高等教育还没有达到普及化的时候，高等教育就不可能是一种完全的事业行为。虽然高等教育的结果是回报了社会，但是受教育者只是整个社会群体中的一部分。那么，为什么不能普及高等教育，这是由高等教育的资源的有限性决定的，这些资源又受到整个社会政治经济的发展所制约。所以，从一个方面讲，高等教育的投入来自政府、学生家长、学校自身和社会的多方融资构成了投资的特殊性，这就决定了高等教育资源的特殊性。马克思指出："要改变一般的人的本性，使他获得一定劳动部门的技能和技巧，成为发达的和专门的劳动力，就要有一定的教育或训练，而这就得花费或多或少的商品等价物。"要进行教育活动，首先需要从社会的总劳动力中抽出一部分劳动力，这就是从事教育的劳动者和进入劳动年龄的受教育者，他们要消耗一定的学习资源、生活资源，还必须有一定的物质技术条件，如校舍、图书、仪器设备等。高等教育财力资源不是自然资源，也不是通过生产方式就可以生产制造出来的，而是要通过长时间打造和培育出来的，随着社会的发展与需求逐步形成的。资源的有限性，在满足了人的再生产以及所需要的物质再生产以后，社会所能用于教育的资源就很有限了，难以满足社会和个人对教育的需求，这也是教育管理中的一对特殊矛盾。因此，如何去获得更多的教育资源，如何有效地使用稀少的教育资源，就成为社会领域和教育领域共同关心的问题。高等教育资源投资的特殊性构成了高等教育管理资源的特殊性。

三、高等教育管理活动的特殊性

从宏观高等教育管理来看，高等教育事业具有很强的战略性、前瞻性。高等教育的管理活动整体的发展规划关乎长远的社会民生问题，需要许多专家系统地来完成，活动的内容涉及民族文化、区域经济、人口发展、科学技术水平、社会环境等。从微观高等教育管理来看，高等教育管理活动的特殊性体现在高等教育组织管理的活动中，最主要的表现特点之一就是要协调学术目标与其他目标之间的矛盾。学术目标是一种高智力投入和高智力劳动的追求，除了个体的高智力劳动外，同时还要强调高智力劳动的结合、高智力劳动者的团结协作。高等教育系统的主导性活动是传授知识、创造知识，高等教育所培养的各类专门人才和高等学校所提供的各种科技成果主要是通过学术水平和应用价值的高低来衡量的，管理活动的学术性十分强，而这种学术性不可以用一般行政性的方法进行管理。因此，学术目标的组织、协调、实现等是高等教育管理活动中的特殊矛盾，这就要求高等教育管理活动一定要重视学术这一特殊目标，使这一特殊的管理目标与学术目标相符合。高等教育组织中的教学活动是教与学的双边关系，高校师生是一个特殊的群体，在完成教学目标和管理目标的过程中，师生参与到具体的教学管理活动，达到双边认知认同，教学民主就显得更加重要。大学教职工是高等教育系统中能动的力量，是实现高等教育管理目标的智慧源泉，要发挥他们的智慧和力量，学术自由是高等教育管理必须考虑的问题。高等教育系统中实行学术民主将激发师生极大的能动作用，使大家从信任中受到鼓舞，在学术自由这个平台上施展自己的才华，在学校的管理活动中真正成为中坚力量。

第三节　高等教育管理的本质属性

一、高等教育管理的行为

（一）管理行为

管理活动中的行为具有其特殊的表现形式，它是管理过程和效果的具体体现，过程和效果反映了管理活动的基本特征。要认识管理的这些过程及效果，首先必须分析管理行为，以及这些行为与效果有什么关系。

　　管理方格理论是由罗伯特和穆登提出来的。基于人们对主管人员的一种要求，即不仅要关心生产而且要关心人的重要意义，他们巧妙地设计了一个方格图以醒目地表示这种"关心"。

　　他把这种方格图作为训练主管人员和明确各种领导方式之间不同组合的手段。这种方格有两个维度，横向维度是"对生产的关心"，纵向维度是"对人的关心"。

　　"对生产的关心"一般认为是对工作所持的态度，诸如政策决定的质量、程序与过程、研究的创造性、职能人员的服务质量、工作效率以及产品质量等。

　　"对人的关心"也包括许多因素，诸如个人对实现目标所承担的责任、保持下属的自尊、建立在信任而非顺从基础上的职责、保持良好的工作环境以及具有满意的人际关系等。

　　曾有人列出了以下几种类型的领导方式：

　　第一种，贫乏的管理。为完成工作和保持组织士气所需要的最低限度的努力。这种主管对职工、对生产关心很不够，他只以最少的努力去完成应做的工作。这种管理是很少见的。

　　第二种，权威与服从管理。以几乎不考虑人的因素影响的方式安排工作，获取效率。领导只关心生产，他试图把人的因素降到最低限度，以达到完成生产任务、提高效率的目的。

　　第三种，乡村俱乐部管理。周到地注意人们的需要而导致友善和舒畅的组织气氛与工作进度。领导者非常注重职工的需要，注意建立良好的人际关系。这种领导认为，只要职工心情舒畅，生产就能搞好，由此，他试图通过创造良好的工作环境，良好的人际关系来提高工作效率。

　　第四种，协作管理。一种松散的管理模式，是以一种协作者的心态，工作由所委任的人完成，他们因在组织目标上有共同利害关系而互相依赖、互相信任和尊重，并且相互协作。根据管理方格的概念，领导者可以对自己的行为做出评价。但是它并不告诉我们，为什么一名主管人员会处于方格图中的此处或彼处。需要指出的是，"最好的"方式也只是从理论上说的，要领导者都成为理论上的那样的人也是困难的，每个领导者都应根据不同的环境和因素，选择不同的管理方式和管理行为。

（二）行为类型

在教育行政管理中，哈尔平等人总结出的管理内容大致有两类：一类是创建组织机构的行为（为了实现组织的目标），另一类是体贴关心下属的行为。哈尔平的分类体系在西方教育行政管理中是很著名的。创建组织机构的行为是指领导者在描述自己与集体成员之间的关系时，致力于建立被充分限定的组织的类型、建立信息交流渠道以及具体实施过程中的所作所为。这主要包括领导者为实现组织目标而与下属的各种相互作用，让下属了解自己的意图和态度；与下属一起实验或实施自己的新想法和新计划；指定下属去完成某些特定的任务；对工作进行检查和评价；制定推行某些标准、制度和规范；促进下属之间的相互合作等。体贴关心下属的行为是指领导者在与下属的相互关系中表示友谊、相互信任和尊重、温暖、支持、帮助以及合作的行为。对下属表示理解与支持；愿意倾听下属的意见；关心下属的个人利益；尽量与下属讨论商量问题，让他们参与组织计划；平等公正地对待下属；乐意进行改革；及时将下属的建议付诸实施等。

（三）高等教育管理中的领导行为

高等教育管理中的领导行为是一种主要的管理行为。这种管理行为同样地可以分为两类，创建组织机构的行为和体贴关心下属的行为。高等教育的领导行为所针对的组织系统、组织目标、组织成员、人际关系等都有自己的特殊性，与其他许多社会系统的情况有所不同。比如，高等学校这一层次的管理中，领导者要全力完成的是教学与科研任务，两者又以人才的培养为核心。但是要搞好教学与科研工作，领导者还必须抓好有关的后勤配套工作，需要从各方面关心支持第一线的教学、科研人员。这就是上面所讲的两类领导行为。从理论上讲，领导者可以调整自己的行为，以适应某一特定的环境和任务。在实践中，领导者不能也不应该只关注某一类行为，而应当根据具体情况决定采取什么样的领导行为。

当然，在这种时候，领导艺术是帮助领导者取得成功的必备能力。在宏观高等教育管理中，国家和地方政府对高等教育组织，即高等学校的管理，其中之一就是规范高等教育组织中领导的办学行为，既要按照国家的政策规范办学，又要办出各自学校的特色。这既是矛盾的，又是统一的，最终的目标是一致的。具体地讲，在完成高等教育目标的过程中，各级领导者为实现目标而履行领导的职责时，其关注的行为领域主要有以下几种：

1. 行政领导者的行为

行政领导者的行为主要包括各级领导者或管理者作为负责人行使领导职责时的行为。领导者的职责就是对目标的实现或目标的改变所需的集体活动进行激励、协调与指导。如果不能做到这一点，那就是对领导责任的放弃。对高等教育系统来说，系统的目标是非常明确的，中华人民共和国教育部对国务院负责，各省市教育行政主管部门的行政领导对省市党委和领导负责。一般来讲，到了高等教育组织这一层面，组织领导者的行为要对高等教育主管部门负责。各高等教育组织的领导，对围绕着高等教育系统目标进行的活动，在形式和内容上各有特色，即使是同一专业、同一课程的教学活动，在各校之间也是不完全一样的，更由于各校的教师、学生在知识水平、能力结构、兴趣爱好、心理需要以及性格特征、校园文化等方面存在着明显的差异，各高校的领导者为完成组织目标而行使领导职责时，所面临的环境条件就各不相同，所采取的领导行为当然也是不相同的。

2. 组织集体中的领导行为

组织集体中的领导行为是指高等教育系统中的各级领导者，要为组织目标的顺利实现创造各种各样的条件。对组织目标的顺利实现而言，领导者的行为所具有的作用分为直接作用和间接作用两个方面。直接作用包括：创建某些专门的组织机构和程序，指定专门的人选去负责完成某项或某方面的工作，对下属的工作进行检查与督促，聘请某一方面的专家能人等。间接作用包括：不直接参与各类具体的计划，但对计划的制定以及实施过程施加各种形式的影响。比如，提倡某种领导风格、实施某种奖惩措施、颁布某类晋升标准等做法都会对各项具体工作的开展产生重大影响。虽然领导者尤其是高层领导者没有直接插手具体工作，换句话说，领导者的行为也许可能不会对某些特定的具体活动产生影响（起直接作用），但却对这些活动顺利开展并取得成功所依赖和借助的各种组织机构、过程和程序产生了影响。例如，各级政府中的教育行政领导，也许并不过问每所高校具体的教学和科研工作，但必须对高校培养人才的方向、规格、基本途径、办学思想等进行指导；大学校长也许并不一定过问某一门课程或某一堂课的具体教学活动及其效果，但他可以影响某个院（系）以及教务部门在课程安排上的指导思想，影响该院（系）的课程计划或课程体系的目标，从而在某种形式上对各门课的教学活动及其效果产生一定的影响。有时候组织集体中的领导行为是无形的，有时候是起直接影响作用的，或者是干扰性作用的，因为领导的影响行为是权威性的。所以，领导行为应该是分层的、积极的、适度的、有效的。所谓分层，就是指各级的领导行为是有区别的，上一级的领导不能做下一级领导行为的事，否则就是越级行为。领导行为的积极性是讲领导的行为对组织的作用是正面的，不要产生负面影响；否则，领导的行为肯定是错误的行为。领导行为的适度不分哪一级，哪一级领导的行为都必须要有一个度，超过了这个度，可能适得其反。有效的领导行为对管理活动产生好的影响，有效的管理领导行为是与管理活动的结果相辅相成的，有效与否，由结果来检验。

二、高等教育管理的本质

高等教育系统相对于其他社会系统有其独特的活动主体和活动目标，这就使高等教育管理同其他社会系统的管理区别开来，表现出它的特殊性。高等教育的总目标是：培养高级专门人才和发展科学技术文化并与社会经济发展的需要相适应。高等教育管理活动就是要在总目标的指导下，把对高等教育系统的战略规划、资源调配通过制度和机制进行协调。

高等教育管理的本质就是协调高等教育系统有限资源的投入与高效益地实现高等教育总目标的矛盾。

无论高等教育有多么复杂，无论把高等教育系统分解为怎样的子系统，高等教育系统都必然要求各子系统在目标上协调一致。不仅要求每个子系统的目标与整体目标协调一致，也要求每个子系统的目标与自己内部的组织成员的个体目标相互协调。更重要的是，每个系统的目标与实现的这些目标的条件之间需要相互协调，这就形成了管理活动的整体性和普遍性，即每个系统都需要协调。高等教育系统内部的等级层次性导致了高等教育管理活动也具有层次性，这就形成了一个多层的、多级的、专门的分系统，即集合成高等教育的管理系统。协调就是蕴含于各个子系统之间，对各个子系统的目标设计、资源筹集和分配，分析系统的活动信息，即通过政策、制度和一些技术手段等协调系统成员的活动，以达到系统所设计的目标。从事这些专门活动的管理人员（或称管理者）的活动所构成的有机整体就是管理系统。

马克思对"管理"曾有过精辟的论述："一切规模较大的直接社会劳动或共同劳动都或多或少地需要指挥，以协调个人的活动，并执行生产总体的运动（不同于这一总体的独立器官的运动）所产生的各种职能。一个单独的提琴手是自己指挥自己，一个乐队就需要一个指挥家来指挥乐队。"马克思的这一段话，揭示了管理协调所包含的以下几个含义：①管理是集体协作劳动的共同需要，即"或多或少地需要指挥"；②管理必然有管理者，管理协作对象主要是组织及其成员；③管理是执行生产总体运行所产生的各种职能；④管理的职能主要是指挥和协调他人的活动，同时把自己也处于管理活动之中，以取得成效，管理的目的是取得比"各个独立的运动"之和更大的效益。

管理活动的普遍性（指管理活动作为人类活动的一个重要方面）普遍存在于所构成的各种组织机构中。专门管理者的出现体现出社会系统在结构层次上的性质，表明个人在社会系统中具有的不同位置、作用和性质。既然管理活动中人是管理的主体，显然，管理活动的施加，权力是管理系统赖以存在的基础。权力对人的活动的约束性使人们按一定的方式组织起来，以便实现系统的整体目标，也在一定程度上体现了权力在协调中的作用。协调或称调节是指调整或改善高等学校与校外，以及校内各部门或成员之间、上下左右各方面的关系。就一个国家和地区来讲，把高等教育放到社会的大背景中，政府对高等教育的协调是使高等教育的层次、规模、结构、水平、质量、效益的协调发展，与社会的政治、经济、文化的发展相适应，如果不相适应，就必须进行协调。就高等教育的组织——学校来说，它是高等教育系统中的子系统，学校组织的类型因区域的差别、体制的差别、机制的差异、管理者的差异等出现差异，存在的矛盾是多种多样的，有总体目标与部分目标之间的、有长期规划与近期打算之间的、有整体利益与部门利益的、有组织利益与个人利益之间的矛盾。这些矛盾如果不加以协调和解决，就会影响高等教育系统的运行和发展，也会影响高等教育效益的最优化。高等教育的协调任务与高等教育管理的本质要求是相一致的，体现了高等教育管理的基本矛盾和本质特征。

　　了解管理活动中冲突的本质才能对症下药地协调。冲突是指由于工作群体或个人试图满足自身需要而使另一工作群体或个人受到挫折时的社会心理现象。冲突表现为双方的观点、需要、欲望、利益或要求不相容而引起的一种激烈斗争。冲突是人类社会的一种普遍现象，它具有有利和有害两种结果。从有利的方面看，冲突的解决能促进组织的发展，可以增强干劲，形成一种激励力量。它还能促进交流，实现创新。从有害的方面看，冲突使人产生情绪压力，影响人的身心健康，剧烈冲突带来的破坏作用会浪费资源，不及时解决冲突会影响组织运转，破坏组织目标的实现。因此，必须探讨冲突产生的根源及其解决途径和方法，便于协调。

　　一般地说，在集体组织成员之中总是存在许多不一致。其中，某些不一致可能上升为矛盾（程度不一的矛盾），这些矛盾关系中比较激烈的便会转变为明显或不明显的冲突。冲突一般分为三种类型：第一类是认知性冲突。由信息因素、知识因素、价值观因素等引起的冲突都属于认知性冲突。这种冲突随着双方认识趋于一致就能得到缓和与克服。第二类是感情性冲突。这是一种由非理性因素引起并为这种非理性因素所控制的冲突，也可能是由认知性因素所诱发，最后为非理性因素所支配的冲突。个性相抵是这种冲突最常见的诱因，它持续时间长、破坏性大。第三类是利益性冲突。这是一种由本位因素引起的目标冲突。社会中的个人和群体在处理问题时所关心的利益不同，从本位出发就可能引发矛盾和冲突，伴随着利益的再分配，这种冲突可以克服。在日常的社会活动中，随处存在可能导致冲突的根源，一旦有了起因，这种潜在的冲突随时就会转变为现实的冲突。

产生冲突一般有以下几方面的原因：

一是人的"个性"。从人的本性讲，不满情绪积累到一定程度就会形成冲突，需要有适度的发泄。

二是有限的资源争夺。资源在一所高校总是有限的，而需要却是无限的，为争夺有限的资源而产生的冲突在所难免。

三是价值观和利益的冲突。不同经历的人价值观容易形成冲突，部门和个人都可能因利益而形成冲突。

四是角色冲突。由于个人和群体所承担的角色不同，而不同的角色都有其特定的任务和职责，从而产生不同的需要和利益，因而发生冲突。

五是追逐权力，是一种权力欲望的争夺。

六是职责规范不清楚，导致对任务的要求产生冲突。

七是组织的变动。组织的变动会导致利益的重新组合而产生冲突。

八是组织风气不佳。如领导的矛盾和派系"传染"给整个组织而形成的冲突，单从冲突的结果看无外乎三种可能：一胜一败、两败俱伤、两者全胜。显然前面两种结果都不是理想的结果，这些结果往往潜伏着第二次更大的冲突，领导过程应尽量避免这种结果出现。第三种结果是在双方都较满意的基础上解决冲突而得到的，这是可取的解决问题的方案，这就需要很好的协调，有效的协调是我们协调的目的。冲突的协调与解决方法有以下几种。

第一，认知型冲突的协调。在高等教育系统中，从宏观方面来讲，在高等教育如何适应国家政治、经济、文化的发展，每一个发展时期如何规划、区域高等教育的发展、高等教育发展速度的快慢、高等教育的科类层次结构等的确定，不同的决策者及管理者会产生不同的意见，甚至矛盾。在微观高等教育管理中，学校教育都是非常具体的管理活动，对于学校如何定位、如何发展、如何运用学校有效的教育资源，在培养目标、课程设置、培养计划的拟定和实施、教学与科研活动的具体展开、各项工作的总结评价等方面都可能出现一些不一致和矛盾，甚至会形成明显的冲突。一般来讲，增加交换看法、进行交流协商的机会，消除可能由于误会与信息不全所导致的认识上的不一致，进行"和平谈判"，把对各种原因和结果的认识都拿到桌面上来，这需要领导者的权威和协调能力；提供学习机会，提高大学组织内成员的认识能力和观念水平，这不仅针对冲突双方，而且针对冲突涉及的各方，大家都需要提高自身的认识水平；调整或改善组织内部有关结构，使各种不一致、矛盾和冲突能够最大限度地被比较完善的组织结构和人员组合（搭配）所"稀释"和"化解"；用超然的态度承认并超越某种冲突，这种方法可能有助于解决某种矛盾冲突。具体来讲，要解决这类矛盾和冲突，最好的办法就是在学习和研究的基础上，开展对高等教育的教育思想、教育观念的大讨论，进行认知统一，要提供公开交流的平台和场所，进行认知交流，认知融合，消除和化解形成矛盾和冲突的原因，使组织成员和冲突各方在观点上达成一致，或者提高他们的认识水平。

第二，感情型冲突解决的方法。这是一种非理性的冲突，主要存在于微观高等教育管理的活动中，相对于某个方面的具体事项，带有个人的情感色彩。其原因可能是一些微不足道的小事，也可能是不同的性格、爱好，甚至可能找不到"原因"。在高等教育系统中，解决这类冲突的方法可以通过提高成员的心理素质，使其具有能够承受一定的情感冲突的能力；提高认识水平，认识冲突的原因是微不足道的，认识冲突的结果可能会产生严重后果；施行合理而公正的奖惩手段，坚持规章制度的原则性，对于坚持感情办事而导致不良后果的，做出制度上的处理；进行感情牵引，引导感情向有益的方向发展，如完善和改进目标管理，把成员的注意力集中到实现高等教育目标上去。对于某些历史性的感情冲突，最好的解决办法也许是让时间来协调解决，因为时间可以抚平某些感情创伤，并给人教会许多书本上没有的道理。

第三，利益型冲突的协调。利益冲突有一种特征，如果利益的消长或损益幅度不超过某一程度，则这种冲突不仅不可怕，而且对集体的凝聚力和组织目标没有太大的影响或破坏作用；如果超过了某一较高程度，则会导致整个组织或系统的瓦解与毁灭。因此，需要解决并能够解决的利益冲突基本上都是处于这两者之间的利益冲突。利益冲突是冲突各方在各自追求效用最大函数值（或最大利益）的过程中构成的冲突。利益冲突所围绕的中心就是利益，而利益在各人的眼中是不一致的。一般来说，出现冲突时，组织中可能存在无数个个体利益或自身利益，也可能存在多个不同规模的共同利益，但最大的共同利益只有一个。对作为利益代表的个体或群体来说，他们的自身利益也只有一个最大值，这两个最大值就是"自利最优解"和"共利最优解"。解决利益冲突的关键在于如何进行利益的重新分配。如果借用函数求解的方式，当代表多方利益的曲线处于同一坐标系时，共利最优解就不难找到，但要把共利最优解和自利最优解结合起来就不容易了。寻找各方的自利最优解和共利最优解，实际上是一个人对利益的产生和形成的分析过程，而要使自利最优解和共利最优解取得一致，则不仅是一个分析过程，而且是一个策略的实施过程。另外，它们也不是一成不变的，它们会因环境变量的改变而发生变化。因此，利益冲突的解决是一个因地制宜的过程。在高等教育系统中，各子系统，甚至更小的群体和个人，都有自己的切身利益。他们在实现系统目标的过程中也同样追求自己的切身利益。比如，高校教师在进行教学科研工作时，一方面在完成高等教育的任务，另一方面也在追求自身的利益——职务的晋升和自我价值的实现。这里，职务晋升就是引起冲突的原因之一，特别是当候选人远远多于晋升名额时，冲突就异常激烈，如何确定好公平合理的晋升方案就是解决冲突的关键。此外，在人员任免、经费分配、改革方案实施等方面，同样存在着各种利益冲突。如果忽视这些矛盾和冲突，尤其是利益上的矛盾和冲突，要想调动全体教职工的积极性，充分发挥他们的创造精神，就可能成为一句空话。在解决这种矛盾时，有两个办法。一是通过政策法规来约束，明确整体与局部利益、局部与局部利益、个人与组织利益、组织与组织利益、个人与个人利益的关系，公平公正地解决这些利益冲突；二是应注意加强思想政治工作，把物质奖励和精神鼓励结合起来，处理好国家、集体、个人三者之间的关系，这是高等教育领导必须研究和解决的重要问题。

总之，要充分认识高等教育系统中存在的矛盾运动的规律，特别是在微观高等教育管理中，要按照矛盾运动规律来解决这些问题。具体来讲，个人与个人之间的矛盾主要表现在工资福利、提级晋升、表彰奖励、教育经费分配以及学术观点等方面，此时应遵循公正、平等的原则。在个人与整体的矛盾方面，要使系统整体目标与个人目标相一致。当两者一致时，个人目标的实现可以通过整体目标的实现来达到，整体目标的实现是个人目标得以实现的前提条件。

从宏观方面来讲，系统与环境之间的矛盾表现为对高等教育投资少与实现高等教育系统目标、政府包揽过多与高校缺乏办学自主权等方面的矛盾中，应该也只能通过政策、体制去解决这些矛盾。

但是，高等教育系统的三种矛盾是有机地联系在一起的，每一种矛盾系列的解决都关联着其他矛盾系列的解决。因此，在高等教育管理活动中，要从整体出发去解决高等教育系统所存在的矛盾，即进行系统的科学的管理。如果不从整体的角度去处理系统内部的矛盾及系统与环境之间的关系，看不到矛盾之间的相互关系和相互转化，那么，就会激化矛盾，破坏高等教育系统内部的稳定性，就不可能实现高等教育系统的整体目标。例如，个人的合理需要得不到满足就会抑制个人的积极性和创造性，个人在工作中就会表现出动力不足，主动精神不够。一旦个人在工作中缺乏主动性就会大大降低劳动效果，这样培养出来的人才质量就难以达到预期的目标。而人才质量的降低，又会引起社会上人才供需关系的变化。这种关系反过来又抑制高等教育的运行和发展。同样，如果系统的整体目标与实现这些目标的现实条件差距过大，则目标就难以达到，这反过来又会挫伤人的积极性。所以，高等教育系统目标的实现过程本质上是一个系统与环境、系统内部矛盾关系不断得到协调和解决的过程。

其实，我们要辩证地看矛盾，特别是高等教育管理活动中的矛盾，从矛盾的普遍性来看，所有的矛盾都有共性的东西，因为产生矛盾的规律性都是一样的。首先，我们要认识到矛盾的存在是必然的，不存在没有矛盾的社会，不存在没有矛盾的管理，人的价值观各异，认识方法和认识水平各异，有矛盾是很正常的，不要因为有了矛盾就惊慌失措。根据动平衡的观点，管理活动中要有矛盾，有矛盾不是坏事，通过制造合理的矛盾，挑起正常的冲突，当然只是思想上的冲突，在冲突中谋求一致，达到矛盾的解决，在冲突中达到平衡。要善于处理和解决矛盾。矛盾出现不可怕，可怕的是当矛盾出现以后，我们束手无策，或者捂住矛盾，或者任其发展，有些管理者不善于解决这类认知型冲突的矛盾，甚至不愿意去正视这些矛盾。另外，最不可取的是压制矛盾，结果造成矛盾的激化，这样一来可能会带来新的、更大的冲突，产生更大的矛盾，因为它没有解决矛盾，而是转移了矛盾的方向，使小的矛盾集合成了大的矛盾。

高等教育管理中对待矛盾与冲突问题要注意两个方面：一是避免人为地制造矛盾和冲突。从源头上避免矛盾与冲突的出现，也就是我们要注意的源头方面。在制定各种政策制度时要科学合理，要经过专家论证和民主决策，千万不要匆忙出台不合时宜的政策制度，特别是避免头痛医头、脚痛医脚地出台政策制度，为矛盾与冲突埋下祸根。在管理活动中尽量避免矛盾与冲突。管理活动中尽量地避免矛盾与冲突的办法有很多，其中之一是管理活动的透明、公开、公正，而透明的前提是游戏规则的认同。在游戏规则认同的前提下，游戏的运作必须透明、公开、公正，只有这样，才能有效地避免矛盾和冲突。我们知道，高等教育管理的本质特征与企业管理、经济管理有很大的差别，中国高等教育的管理在具有行政性一面的同时，又是学术性很强的专业管理。行政管理需要很强的透明度，学术管理除了知识产权的东西和技术层面上的东西比较透明外，纯粹的管理活动更需要讲求透明、公开、公正。只有把握好了透明、公开、公正的度，避免管理活动中人为地制造矛盾和冲突是可能的。二是实事求是地化解矛盾与冲突。矛盾与冲突在管理活动中始终是存在的，关键在于如何去化解。化解矛盾与冲突要本着实事求是的态度，首先，要敢于承担由于管理者的原因引起矛盾与冲突的责任，用真诚来化解矛盾与冲突。其次，一旦矛盾与冲突出现，既不要大惊小怪，也不要消极怠慢，要以积极的心态与行动去化解矛盾与冲突，把矛盾与冲突造成的后果降到最低。

三、高等教育管理的属性

在社会活动中，为了与高等教育系统整体性相适应，高等教育管理一开始就提出两个目标：一是为使个体同整体相适应，用系统整体去整合各系统的个体，以实现系统整体功能的目标。二是为了实现系统效益的最大值，要求把具有一定功能行为的个体有机结合在一起，达到系统最大的"结合力"功能的目标。只有这两个目标的综合，才能使系统整体功能大于系统中各分散个体功能之和。这是高等教育管理的系统属性。这两个目标的矛盾运动规定了高等教育管理的两条基本规律：第一，高等教育管理的自然属性与社会属性趋于一致的规律。自然属性具体表现为高等教育管理的个性和特殊性，社会属性具体表现为高等教育管理的历史继承性和为阶级服务的政治性。第二，高等教育管理的封闭性与开放性的矛盾统一的规律。这是高等教育管理最重要的本质属性。

为什么系统的矛盾运动可以使系统整体功能大于系统各分散个体功能之和？又如何认识高等教育管理的基本属性和规律？对于第一个问题，因为"整合"和"综合"使高等教育系统获得整体的功能目标和最大"结合力"的功能目标，这就具备了系统整体功能大于系统内各成员个体功能之总和的条件。如果系统中的管理者尤其是领导者能够找到两个互为矛盾的平衡点，也就是要求各级管理者，尤其是各级管理的最高决策者，在管理中必须找到两个目标的平衡点，才能保证系统功能放大。高教管理具有自然属性与社会属性，高教管理活动本身就反映了它的属性。要实现管理的功能，在管理中运用专业的知识，使用某些技术和方法，从而表现出它的自然属性。有管理者必然有被管理者，他们之间总是存在着利益、认识、感情等方面的矛盾，在阶级社会里往往表现为阶级矛盾，在市场经济体制出现多元化格局的情况下，宏观高等教育管理中有时候会出现各阶层利益之间的矛盾，如穷人和富人要求接受教育的矛盾，在整个国民经济的发展中，教育同其他行业的矛盾，教育内部中高等教育同其他层次教育之间的矛盾等，从而表现出它的社会属性。在不同社会制度的国家里，解决这种矛盾的方法往往是不同的，认识两类属性矛盾的存在和有效地解决这两类矛盾，必将推动高等教育事业的发展和目标的实现。同时，对高等教育系统的封闭性与开放性而言，这是一种客观存在的事实，要注意的是封闭性和开放性是相对的，只有系统与环境进行有效、快速、准确的物质、能量和信息的交换，才能使系统实现整体功能目标和最大"结合力"的目标。

（一）自然属性与社会属性

高等教育管理的自然属性主要表现在普遍性方面。高等教育的管理是一种社会活动，社会活动的有序进行就需要进行管理，因此，高等教育管理是社会活动中普遍存在的一种管理现象。不论哪个国家、哪个历史时期，只要存在高等教育活动，就存在各种培养高级专门人才的活动（包括专业设置、培养目标、课程设计、教学过程、教学方法、教学手段等），就有进行管理的必要。在当今社会中，高等教育已经成了一种国民的素质需求乃至消费需求，成了一种国家和民众的普遍需求，特别是在高等教育大众化的时代，高等教育管理已经成为一种普遍的专业管理。二是高等教育管理的共性方面，即高等教育管理在各个历史发展时期都具有明显的共同点，这些共同点不因国家的政治、经济、文化等差异而有所变更，也不因历史时期的变化而消失。正是由于这种共同性，中国传统高等教育中的优秀部分就应当继承和发扬，如唐朝的高等学府在教学管理上制订较详细的教学计划，规定了严格的考核制度，放假、升级与退学等都有明确的规定。唐朝太学退学的规定有三条：请假逾期不返校者，令其退学；学满最高修业年限三次不及格令其退学；品德行为恶劣不堪教育者令其退学。这些管理仍有其现实意义。与现代大学有历史渊源关系的欧洲中世纪大学，一开始就建立包括文法学、哲学和医学等学院，这种学校一院制一直被后来的大学所采用。随着课程的发展，学习制度发展成最初的学位制，这种制度对以后的大学学位制度产生了深远的影响。如在法学、哲学、医学等学科，都规定有不同的学习年限，需要学习若干门课程，还要实习讲授一定量的课程，然后才能申请学士、硕士和博士学位。之后，还要接受一次口试和答辩，经评审批准，才能戴上硕士、博士帽。现代大学申请硕士、博士学位程序基本同过去一样，只不过是在此基础上更加完善。这就是高等教育管理的"古为今用，洋为中用"。这些共同点来源于高等教育管理活动的循序渐进，在发展过程中所形成的特点和规律，成为高等教育活动中遵循的管理的一般原则，表现出它的共同性特点。另外，在高等教育管理的技术性方面，高等教育管理使用的技术和方法一般不受社会制度的影响，各国都可以相互学习的先进的管理技术，如数学、经济学、计算机科学等，更加丰富了高等教育管理的内容，推动了高等教育管理的发展。高等教育管理的社会属性包含两层含义：一是高等教育管理具有历史文化的继承性，即在人类创造历史的过程中，由于社会及自然环境不同所形成的各种地域文化，在高等教育管理活动中留下深深的烙印。这些"印记"在高等教育管理思想上，表现为不能超越一定的社会文化形态以及人们的社会心理状态，并且在具有"同源文化"的国家和地区，在高等教育管理思想和管理哲学上具有很大的相似性，而非同源文化中所产生的高等教育管理思想和管理哲学就存在明显的差异。欧洲中世纪的高等教育管理受到神学及哲学的影响，使其在管理思想和方法上都有其浓厚的中世纪痕迹，反映出中世纪的神学文化。二是高等教育管理具有政治性。因为高等教育管理是与权力关系联系在一起的，高等教育的体制和有些制度、政策总是一种社会制度和政策的一部分，是为一定的政治服务的。在阶级社会里决策者与被管理者之间一般表现为阶级关系。在社会主义社会里，人民群众是社会和国家的主人，社会主义国家的管理者，包括高等教育管理者，是为人民办事的公仆，而不是骑在人民头上的老爷和官僚。如果发生公仆转为老爷的现象，就意味着管理的性质改变了。所以，有人不太赞成高等教育管理具有这样的社会属性，好像是把管理的自然属性社会化了，这是片面的。作为高等教育的管理者，特别是高级的、高层次的管理者，一定要懂得管理的社会属性，高等教育管理必定具有社会属性，并且，要搞清楚管理的社会属性在哪些方面，在我们的管理活动中如何恰如其分地处理好社会属性的问题，是当前高等教育管理工作者必须懂得的。从宏观高等教育管理来讲，他的社会属性的政治性问题是不言而喻的，反映在高等教育的方向上，反映出是否办社会主义的高等教育的问题。从微观高等教育管理来看，管理的方向性具体地反映在培养的人上。高等教育管理社会属性认识的淡化是很危险的，有的人甚至不承认社会的属性则更可怕，这是一个高等教育的民族性、国家性的根本问题。

自然属性与社会属性是高等教育管理活动本身所具有的两种属性。两者处于矛盾统一体之中。高等教育管理的两个目标，规定了高等教育管理两种属性是一对相对统一的矛盾。它具体表现在维持系统整体特性功能目标，应具有的稳定性与高等教育管理追求最大"结合力"，要求改变系统结构而产生不稳定之间的矛盾，此两者之间的矛盾运动，使高等教育管理不断得到改善。同时，高等教育管理的两种属性又统一于高等教育管理计划、组织、领导和控制等管理环节上，根本上统一于高等教育管理的效益上。没有社会属性，没有维持系统整体特性的功能目标，就不会有产生最大"结合力"的需要，高等教育管理的自然属性就失去了存在的基础而无从实现它的自身价值。把高等教育系统内成员的个人目标整合成系统整体特性的功能目标，目的在于把分散的具有一定功能行为的个体结合起来，实现系统功能的"放大"，而离开了自然属性，高等教育管理的社会属性也不可能体现出来，它的社会价值目标也不可能实现。

（二）封闭性与开放性

高等教育管理的封闭性是指在高等教育管理过程中，根据高等教育管理的特殊矛盾而在高等教育系统内部自我运转和良性循环的性能。高等教育管理的开放性是指在高等教育管理过程中，根据高等教育管理的特殊矛盾而在高等教育系统与外界环境相互关系中，实现物质、能量、信息交换的性能。就高等教育管理的封闭性而言，在高等教育系统内，无论进行什么高等教育管理工作，一个首要的前提就是在一个相对独立、完整的高等教育系统内部，按照高等教育系统的特定目标而进行优化组合，即在高等教育系统的"投入—加工—产出"的过程中构成一个相对封闭的系统。没有相对的封闭性，高等教育系统就没有相对稳定的环境，任何对高等教育系统的分析及高等教育管理活动过程都不可能按照自己的独特方式运行。这种相对封闭性是一种客观的存在，是更好地进行高等教育管理的必然要求。当然，完全封闭的高等教育系统是不存在的，因为完全封闭就意味着与环境不进行任何物质、能量、信息的交换，这样的高等教育系统必然会逐渐消亡。因此，这就是我们所指的高等教育系统和高等教育管理的封闭性又具有相对性的方面。现代社会中，任何一个系统都不可能是封闭的，封闭是相对的。就高等教育管理的开放性而言，高等教育系统受外界环境的制约和影响，只有开放才能获取更大的信息资源和物质资源，才能进入社会大系统中去循环，去接受洗礼，去成长壮大。纵观中国高等教育的改革与发展、中国高等教育管理的现代化进程的不断加快离不开开放，我国高等教育管理的很多思想与观念就是因为通过改革开放得到启发，很多技术与方法就是在国际高等教育的大背景下开发而形成的，现代高等教育管理的进程没有国际化的开放是不行的。没有开放性就没有中国高等教育的大发展，就没有中国高等教育管理的成熟和成长。

故步自封、关门主义使高等教育系统独立于社会大系统之外，是有历史教训的。因为，这个社会不可能停留在古代文法教育时代，教育脱离社会，脱离社会化生产活动，成为贵族教育的一种象征，难以推动社会生产力的发展。现代社会大生产催生了科学教育的迅猛发展，科学教育的内容、科学教育的方法，无不是来自社会的，封闭已经是不可能了。那么，高等教育的管理在思想上首先要开放，要引入先进的管理思想和方法，但高等教育管理最本质的东西不要去改变它，这就是开放性的基本原则，也是封闭性和开放性的矛盾统一的需求点。高等教育管理的封闭性与开放性的矛盾在于：如果片面强调高等教育管理的封闭性，为高等教育系统的"存在"花费更多的人力、物力和财力，那么就会影响系统的外延"发展"，失去了取得更大效益的机会；如果片面强调高等教育管理的开放性，过分注意高等教育系统效益的最优化，而忽视甚至否定高等教育管理的相对封闭性，破坏高等教育系统自身，就会只强调系统"发展"而忽视系统"存在"，这将导致高等教育系统的纹路和能量的消耗，最终将导致系统的"存在"基础动摇。无论是高等教育管理封闭性还是高等教育管理开放性，其目的都是为了使高等教育系统的生存和健康发展得到保证，具体地表现在统一于高等教育管理的诸环节上。如通过高等教育计划，在解决高等教育系统与环境矛盾中使封闭性与开放性统一起来；通过高等教育组织、领导，在解决高等教育系统内系统与系统、系统与个人矛盾中使封闭性和开放性统一起来；通过高等教育控制，在解决高等教育系统既定目的与实施中偏离目的的矛盾中使封闭性和开放性统一起来。这里要明确的是，高等教育要向世界开放，汲取世界上先进的管理经验，包括一些先进的管理制度。要向其他行业开放，走开放办学的道路，特别是在市场经济体制下，企业管理是最活跃的，产生的现代企业管理的先进理念和方法尤其值得高等教育管理借鉴。

高等教育管理的自然属性与社会属性的两重性是我们要充分认识清楚的两重性规律，以高等教育系统中一切有目的的活动为基础，自然属性和社会属性、封闭性和开放性是高等教育管理本身所固有的。因此，高等教育管理的自然属性及其客观性规律，不仅在对高等教育管理的认识上，而且在高等教育管理的具体活动中都必须是要遵循的。高等教育管理活动中两重性规律揭示的是高等教育管理固有的自然属性和社会属性、封闭性和开放性及其相互联系。这种联系是由高等教育管理的"整体功能"和"结合力功能"两个目标的矛盾运动所规定的，事实上，两重性从整体上反映了高等教育管理的特殊矛盾。因此，管理属性的要素之间的联系是本质的和必然的。

　　总之，我们研究高等教育管理的自然属性与社会属性、高等教育管理的封闭性与开放性，以及它们的规律在高等教育管理过程中是共同存在、相对稳定的，是高等教育管理本质的反映，是高等教育管理的基本规律。

第二章 高校教育教学的理念研究

第一节 高校教育教学理念的来源

一、高校教育教学理念创新的由来

（一）培养人才观念的形成

高校教育的根本任务是培养人才，而人才培养的主要途径是教学活动。改革开放以来，确立了知识本位的高校教育思想观念。

随着国家对人才培养质量的关注与重视，人们开始重新认识和反思高校教育教学和科研的关系，进而确立了教学在学校工作中的中心地位，无论什么类型的高校教育，首要任务是人才培养，科学研究也要肩负起人才培养职能。高校教育教师必须把教学放在第一位，切实履行教师的基本职责。

随着世界高校教育发展和科技、社会进步对人才培养新要求的不断提出，能力本位观点越来越受到重视，社会更需要提供知识全面、技能过关的高素质人才。因此，对教学活动提出了新的要求：一方面是出于理论教学与实践教学的关系问题的考虑，既不能忽视理论教学又要加强实践实验教学；另一方面也是出于协调学校教育与社会教育的关系，既不能在学校教育与社会教育之间走极端，也不能过多增加学生的时间、经费、心理等学习负担。于是，新的教学中心地位理论逐步得到了丰富和发展，在校内强调理论教学与实验，在科研活动中培养学生能力，在校外加强实习实训基地建设，建立产学研究机制。

（二）以专业教育为主的教育思想形成

一般认为，国际上高等教育大致有两种教学模式：一种是以苏联和德国为代表的专才教育模式，学生在校学习时间较长，既打基础，又进行实践训练；另一种是以美国为代表的通才教育模式，学生在校学习时间较短，主要是打基础，实践训练放到大学毕业以后。我国起先主要学习苏联模式，形成了专才教育模式。改革开放后，我们发现了苏联专才教育模式的许多问题，开始注意学习欧美通才教育模式。同时，这两种模式自身又不断变化和交融。

一般认为，现代专业教育思想源于美国国家功利主义视域下的科学主义高校教育哲学。兴起于 20 世纪初的以实用为标准的功利主义教育观影响了美国几十年，受苏联 1957 年"卫星上天"的影响，美国更加重视高校教育教学的科学功利。1978 年我国召开的全国科学大会提出"向科学进军"，迎接科学春天的到来，此后一直成为国家教育方针政策以及学校教育教学工作的重要指导思想的构成元素。但培养学生一技之长的专业教育思想很快也受到素质教育思想的挑战，因为国内外的人才成长及使用实践表明，仅有一技之长的人并不能担当高级专门人才的重任。随着世界科技的迅速发展，学科专业高度分化后再高度综合成为发展趋势，人才培养与社会工作都越来越复杂化，特别是"曼哈顿计划"反映出社会工作对人员合作、协调、组织能力等综合素质的要求越来越高，不仅要具有扎实的基础、宽广的知识面、较强的能力，而且要具有良好的思想政治素质、道德水平、健全的身体和心理素质。

以自由教育、人文教育、普通教育等形式出现的综合素质教育思想得以萌生，传统意义上的专门人才培养模式、观念逐渐被拓宽专业口径、增强"适应性"的呼声和"通识教育"的理念所取代，仅仅重视科学技术的"精、深、专"为"德才兼备""文理兼备"的人才目标所取代。随后，华中科技大学率先提出以人文素质教育为突破口，中共中央和国务院出台专门文件推进的高校教育全面素质教育，并建立了一大批国家人文素质教育基地。人文素质教育并非只对理工科学生进行人文科学知识传授，而是对所有学生加强人文品格、人文精神的全面教育，是通识教育的具体体现。

（三）促进终身学习和终身教育观念形成

按照传统的职业教育观念，高校教育在教育序列中毫无疑问就是人一生的终结性教育活动。但由于世界科技发展的日新月异以及世界性社会工作的不断变化，由联合国教科文组织的系列报告引发，以素质教育思想为理论支撑的终身教育、终身学习观念逐渐渗透到高校教育领域，高校教育究竟是终结性教育还是基础性教育一时成为学术界的争论热点。特别是高校教育达到大众化甚至普及化之后，高校教育的基础性就更加突出，高校教育只能为学生未来成为科技人才，从事科技职业打下知识、能力和继续学习的基础，而不能为未来准备好所需的一切。因此，高校教育人才培养必须更加重视比较宽广的学科领域、比较扎实的基础知识、比较强的学习和研究能力，也必须为在职人员提供高校教育后继续学习的条件。

（四）以学生为本的个性化教学观念逐渐生成

一场世界性的学习革命使高校教育教学模式必须适应受教育群体的历史性变化，这是高校教育教学创新的直接指导原则和方向。具体而言，有如下表现：由单纯的掌握知识转变为更加注重智力发展和能力培养；由单纯的专业知识和能力培养转变为同时注重拓宽知识面，培养具有包括外语能力、经管能力、交际能力等多种能力的复合型人才；由单纯注重统一的培养规格转变为同时注重发挥学生的多样化特长和学习潜力；由偏重理论知识转变为同时注重实际知识，进一步强调理论与实践相结合等。

因材施教，促进人的全面发展是一条基本教育原则。为了突出学生在人才培养中的主体地位，在教学管理、教学环节、教学方式等方面也要将统一的、固定的人才模式变革为多样化、个性化的教学过程和教学形式。既努力拓宽专业口径又坚持按专业培养人才，既制定人才培养目标和基本要求又给予学生充分自由的发展，既坚持教学工作的计划性又给予学校、专业、教师和学生较大的灵活性。在教学管理上，推行学分制，实行选课、选专业等灵活的制度和政策。

二、高校教育教学的变化趋势

进入 21 世纪以来，随着我国高校教育大众化进程的不断推进，高校在教育条件保障机制等方面遇到了困难。政府和高校的积极举动就是实施"高等学校教学质量与教学创新工程"，试图既提高高校教育的条件保障，又注重将物化的环境与条件转化为人才培养所必需的制度建设，不断推进教学思想观念创新。

（一）建立健全的教育观

健全的教育观具体表现在创新高校教育资源共享上，通过新教材和立体化教材建设、网络教育资源开发和共享平台建设，建设面向全国高校教育的精品课程和立体化教材的数字化资源中心，建成一批具有示范作用和服务功能的数字化学习中心，完善终身学习的支持服务体系，提升我国高校教育的质量和整体实力。这需要充分考虑提高教学质量的系统性和复杂性，确定一些具有基础性、全局性、引导性的创新突破口，引导高校教育教学创新的方向，实现高校教育规模、结构、质量和效益协调发展。同时，也需要调动政府、学校和社会各方面的力量，把发展高校教育的积极性引导到提高质量上来，充分利用各方面力量支持高校教育的发展，切实解决高校教育在提高质量方面的实际问题，为高校教育办学创造良好的外部环境。

（二）高校教育教学创新

高校教育教学创新与高校教育质量提高是一对永恒的话题，总体而言，我国高等教育教学创新在实践活动中可谓阵容庞大、气势恢宏，但在形式和内容上出彩不多。因此，在教学制度创新方面，要继续建立和完善教学评估制度、专业认证制度、高校教育基本状态数据发布制度等；在教学活动创新方面，不仅要落实"教授、名师要上课堂"，还要努力建设高水平的教学团队。同时，应继续突出学生的主体地位，不断加大学生选课、选专业余地，通过学分制使学生学习的自主性、自我责任心进一步增强。还应通过各级各类大规模、高强度的教学研究与教学创新立项和成果奖励，推动教学方法创新的激励机制。

第二节　高校教育教学理念的思路

一、更新教学理念

（一）更新教育思想，形成实践教育教学理念

实践是指将高校教育教学内容中的自然科学知识、人文知识、德育等各种理论知识教育，通过具体的系统实践来消化、固化、融合、升华。在实践中统一科学教育与人文教育，把实践育人贯穿人才培养的全过程，培养学生的实践能力和创新精神，提升个人人文素质和科学素质，达到完全与社会实际需要相符合。高校在校园文化建设中要建立一种新的激励机制，带动学生积极展开创新创业活动，并给予大力支持，全面推进实践教育。

（二）树立以生为本的教学理念

在教育教学中要体现出对学生主体地位的充分理解和尊重，对学生潜能的充分诱导和挖掘，对学生人格的充分培养和塑造，把学生的个人意愿、社会的人才需求、学校的积极引导有机结合起来，使学生在知识、能力、

思想道德、身心健康等各方面得到均衡、全面的发展，从而促进学生成长成才。这一教学理念要充分贯彻体现到高校教学环节之中的各个方面。在教学模式上，实施弹性教学计划，建立学分制、主辅修制，让学生有一定的选择权和支配权，可以自由支配属于自己的时间和空间，着力于学生创新能力和实践能力的培养；在教学目的上，要一切为了学生，为了学生的一切，为了一切学生。在教学方法上，要大力提倡"以学生为主体、教师为主导"的互动式教学方法，鼓励进行问题式、案例式、讨论式、情境式教学法，开展"启发、互动、探究式"的课堂教学实践，采取一系列措施，使教师由传统式知识传授型教学向现代式研究型教学转变，引导学生由被动接受型学习向研究型学习转变。

（三）灵活多样的教学组织形式

在教学组织的具体实施方面，应采取灵活多样的教学组织形式，而对传统教学方式进行创新，充分发挥学生的个性，对学生进行激发和引导，使学生经过探索研究而学会自主学习，使教学方式从传授知识向培养学生认知能力和全面素质转变。转变以教师、课堂、书本为中心的教学局面，进行师生互动，展开专题讨论，鼓励自主探索与合作的学习方式，培养学生的探索精神与批判性思维；重视教学的创新性和学生个体间的差别指导，让学生在与教师的朝夕相处中耳濡目染，接受熏陶；以学生亲自动手实践为主，采取提供实践平台、鼓励学生积极参与科学研究实践课程创新的手段，增强教学活力，培养学生获取新知识、分析和解决问题、交流与合作的能力。

（四）制定均衡的高校教育资源配置政策

在重点大学和普通大学之间要实现教育资源配置的均衡。在建设和发展"双一流"大学的同时也要兼顾一般大学，着力改善一般大学的办学条件。还要针对目前不同区域间高校教育差距越来越大的现象，制定相应的区域高校教育政策，寻求不同教育资源在区域间配置的平衡，增强区域高校教育发展的动力。

　　科学合理地安排高校教育的学科专业布局，加强教学内容和课程体系创新。合理安排课程设置，高校的办学理念、专业与课程设置、教学模式要与社会需求相一致，培养与社会需求相符的人才。首先，在进行学科专业建设时依据"厚基础"原则构建培养本学科专业人才的基础知识、能力和素质结构。其次，在安排学科专业布局时要依据"宽口径"原则，拓宽学生的专业知识面，把专业设置从对口性向适应性改变，实行"宽口径"的专业教育，优化课程整体结构，拓宽专业课程交叉培养，提高教学质量，提高学生的综合素质，培养学生的科学全面发展，为社会提供高素质人才。最后，高校要抓住自身特色，合理定位，遵循差异性原则，建设优势学科，避免模式单一，合理配置教育资源，促进教育公平，促进高校教育科学发展。

（五）因材施教，树立以生为本的教学理念

　　因材施教，就是根据不同学生的个性特点来进行不同的教育活动，通过对差异性的辨析制订出适合其特点的教学计划。教育公平的实质不是使每一个学生都要获得同样的教育，而是使每个学生都获得适合自身的教育，这就是教育公平的适合性原则。我们要充分认识到学生是教育活动的主体，学生是发展的独立的人，每个学生都有自己独特的个性，我们要做到在制定教学目标、教学模式、教学内容以及教学方法等方面坚持以生为本的教学理念，尊重学生的主体地位，充分挖掘学生的潜能，使学生的个性得到充分发展，塑造学生的健全人格，促进学生的全面发展，促进教育公平的实现。

（六）构建高校教育教学质量保证体系

　　高校教育教学的质量直接影响着人的全面发展，最终影响着经济社会的发展，我们要依据相应的政策法规建立高校教育教学质量保证体系，规范学科专业建设，避免重复建设和教育资源浪费，构建独立的、有权威性的高校教育教学质量评估机构，加强对高校教育教学质量的监督，完善高校教育教学评估政策，充分发挥社会的监督作用，对高校教育教学质量进行监督。

总而言之，追求高校教育教学公平是促进高校教育公平的核心所在，也是促进高校教育创新发展的不懈动力，我们必须继续深化高校教育教学创新，优化高校教育结构，不断提高高校教育教学质量，实现人的全面发展，最终促进高校教育教学公平的实现。

二、办学特色的形成

办学特色的形成如下：

第一，教育教学创新，培育办学特色。一所有特色的高校必定拥有自己独特的教育思想和教育教学理念，这种教育思想和教育教学理念能够在特定的时空环境，指导高校在办学发展过程中的办学思想和办学理念，并能适应时代和社会对教育和人才培养的要求，符合教育思想和教育教学理念的创新要求，符合教育创新发展和社会进步的一般规律，能够促进教育发展方向、人的全面发展及人才培养过程的优化。教育教学的创新必将带来教育思想的转变，先进的教育思想必将促进先进办学思想的实践，包括新的办学目标、办学模式的重新定位标准，如何实现这一标准所采用的方法、途径以及对此办学实践效果的综合评价。

第二，构建学科特色，促进办学特色。学科特色建设是促进高校办学特色形成的关键所在。学科建设作为高校培育人才、科学研究和服务社会三大职能的具体承担者，它的建设和发展水平对高校的人才培养、科学研究、专业建设和师资队伍建设等方面的质量有着重要影响，对高校办学特色的形成有着强有力的支撑作用，并决定着学校的服务能力和水平及办学层次的提高。学科特色是高校办学特色中的标志性特色，是构成高校教育核心竞争力的主要组成部分。学科特色，一是指特色学科，指某一特定的学科特色；二是指学科结构体系特色，指由几个特色学科共同组成的学科特色。特色学科是学科特色发展的基础，学科结构体系特色是学科特色的扩展，真正的特色学科具有不可替代性，是难以被模仿和复制的。

高校在学科建设上不能求"大"、求"全"、求"新",而要求"精"、求"尖",要因校制宜地构建优势学科,发挥优势学科所附带的"品牌"效应,形成办学特色。科学家田长霖教授曾经说过,世界上地位上升很快的学校,都是首先在一两个学科领域有所突破,而不可能在各个领域同时突破,达到世界一流。学校要全力支持最优秀的学科,要有先有后,把优势学科变成全世界最好的,其他学科也就会自然而然地提升上来。所以,从某种意义上来讲,一所高校的学科优势所在,也就是这所大学的办学特色所在。

第三,发扬高校精神,形成办学特色。高校应该是思想自由、学术自由,培养人、完善人,不断提升人格和道德,追求学术真理的。高校精神就是在学校里做学问的心理状态和文化立场。高校精神是一所学校内所有成员在长期办学实践中共同创造、传承、逐步发展起来的,被学校所有成员共同认同而形成的一种精神理念,它反映了一所学校的历史文化传统以及面貌,是学校的精神信念和意志品质的准确表达,是学校独特气质的精神形式和文明成果的表现,也是学校所有成员的精神支柱。高校精神犹如个人的品格,是高校最为核心和高度抽象的价值追求和行为规范,决定着高校的行为方式和高校发展的方向,是高校存在和发展的基石,是高校的灵魂和本质之所在。高校精神是高校保持永久活力的源泉,是高校优良传统文化的结晶,是高校在长期教育实践中积淀下来的最具典型意义的精神象征,体现了高校所有的群体心理定式和精神状态,展现了高校的整体面貌、风格、水平、凝聚力、感召力、生命力,最终凝聚形成独有的办学特色。高校的办学理念以及办学实践应该有利于高校精神的形成和发展,并使之形成一种特色教育,经久不衰。

三、推进师资队伍建设

逐步取消高校行政级别,精简高校管理机构,压缩行政费用开支,使教师真正在高校中处于主导地位,同时进行师资队伍建设。百年大计,教育为本;教育大计,教师为本。教师重要,就在于教师的工作是塑造灵魂、塑造生命、塑造人的工作。一个人遇到好老师是人生的幸运，一所学校拥有好老师是学校的光荣，一个民族源源不断涌现出一批又一批好老师则是民族的希望。国家繁荣、民族振兴、教育发展，需要我们大力培养造就一支师德高尚、业务精湛、结构合理、充满活力的高素质专业化教师队伍，需要涌现一大批好老师。

（一）优化高校师资队伍结构

高校师资队伍的结构内容主要包括教师的学历、职称、年龄等方面，它可以直观地反映出教师队伍的质量、能力和学术水平的一些基本情况。

这些年来，我国陆续实施了"高层次创造性人才工程""高校青年教师奖""骨干教师资助计划""硕士课程进修"等多项高级资质队伍建设工程。我们要继续加大对骨干教师和优秀学科带头人的引进力度，强化高层次带头人队伍建设。对高职称的学科、学术带头人、紧缺专业人才要给予一定的政策倾斜，根据学科发展的目标，有目的地吸引高层次人才，以确保高校师资队伍的职称结构比例合理。还要通过有效措施引进高学历人才，提高师资队伍的学历层次。加强本校优秀人才的培养，吸纳来自不同地区和高校的人才，引进与培养相结合，推动人才与资源的有效整合，以利于各学科专业教师整体知识结构的优化，最终促进高校师资队伍结构的协调发展。

（二）提高高校教师综合素质

高校师资队伍建设是高校教育教学创新发展的基石，它直接关系着高校的教学质量。高校教育的快速发展对高校教师的教育教学思想、知识结构、教学方法等综合素质提出了更高层次的要求，要求教师具有熟练应用现代信息技术和现代教育手段的能力、教学与科研的创新能力、理论联系实际的能力、将知识服务于社会的能力以及良好的社会交往能力，要建设这样一支学术过硬、综合素质较高的教师队伍，我国的高校教育师资队伍建设任重而道远。提高高校师资队伍的综合素质要把师德建设放在首位。师德建设是师资队伍建设的基础，不断加强师德建设，是全面贯彻党的教育方针政策的根本保证，是培养德才兼备的高素质的社会主义建设者和接班人的必然要求。在高校师资队伍建设中要遵循"以人为本"的原则，牢固树立"师德兴则教育兴，教育兴则民族兴"的爱国主义教育教学理念，要求教师不断更新观念，用现代教育思想充实自我、完善自我，推进高校师资队伍建设，建设一支为人师表、作风优良、爱岗敬业、治学严谨、教学科研能力强、与时俱进的高素质教师队伍。

提高高校师资队伍的综合素质要注重教师教学素质的培养。教学是培养人才的直接途径，也是高校的主要工作，教师是教学的实施主体，培养教师的教学科研能力是提高教师教学水平的主要途径。要改变过去只注重学历的提高而忽视教育教学能力培养的状况，既要注重教师专业学术水平的提高，也要重视教师教学水平的提高。要求教师掌握教育教学理论、教学方法及教学规律，增强教师提高教育教学水平的积极性和自觉性。还要加强教师对科研工作的重视，为教师提供进行科研创新的条件，提高高校师资队伍的科研能力、学术水平和教师职业化水平。以"特色专业—精品课程"建设和聘任重点学科带头人为龙头，加强重点学科带头人、学术带头人、学术骨干队伍建设，在部分学科领域形成独具特色的人才群体，致力于学术大师和教学大师的培养，带动师资队伍整体水平的提高。

总之，我们要把高校师资队伍看作一个整体，通过多种方式培养高校师资队伍的现代教育教学。提高教师的专业理论学术水平、教育教学能力、科学研究能力及科学文化素养，全面提升它的教育教学功能、团队协作功能、科研开发功能及社会服务功能，使其掌握先进的教学、科研方法，具有崇尚科学、勇于创新的开拓精神，具有为高校教育事业不懈追求的精神，为高校培养一支具有良好的职业道德、较强的教学科研能力和充满活力的高素质师资队伍。促进高校教育教学质量和水平的提高，促进师资队伍建设的良性循环，促进我国高校教育教学创新，为高校教育创新的跨越式发展奠定基础。

四、创新课程体系及教学内容

（一）课程体系创新

首先，要优化和调整学科专业课程结构，因材施教，分层次教学、分类别培养，同时进行主辅修、双学位、定向培养、中外合作办学等多样化的人才培养模式，在满足不同基础学生学习的需求和发展需要的同时也能促进人才培养质量的提升；其次，在课程结构上，打破传统的单一课程结构类型，即分科课程、国家（或地方）课程、必修课程，重新调整课程结构，优化课程体系。综合课程、必修课程和选修课程都要各自占有一定的比例，以"本科规格＋实践技能"为特征，重视学生的个别差异，坚持四个结合，即理论与实践相结合、人文教育与专业课程教学相结合、课内与课外相结合、校内与校外相结合，构建一种合理的适合学生发展的课程体系，最终培养学生具备两个方面的素质——文化素质与创新素质，提高四个方面的技能——基本技能、通用技能、专业技能、综合技能。

在高校基础课程教育上，构建综合基础教育体系，所有学科专业都进行国防教育、人文教育、自然科学基础教育、德育实践等基础知识培训。要构建综合实践体系，搭建公共实践平台，包括专业实验、实习、设计、毕业设计（论文）、德育实践、科技文化实践、创新实践等。还要构建学生实践能力考核体系，对学生的综合实践能力进行考核，进行"创新课程"研究，转变理论基础。创新课程所依据的理论基础由心理学扩展为社会学、经济学、文化学、政治学和生态学等更具包容性的学科领域。创新不仅包括首次创造，也包括对他人所创造出来的成果的重新认识、重新组合和设计应用。

创新课程并不是以学科的方式向学生传授一整套如何创新的知识、方法和策略，也不是以学生获取学科知识为中心，而是以综合实践的方式为学生提供相对独立的、有计划地进行研究性学习、设计性学习、体验性学习、实践性学习、反思性学习和生活性学习的学习机会，让学生从自己的现实社会生活中自主选择研究课题并通过对开放性、社会性、综合性和实践性问题的探究，形成自己独特的学习方式，培养学生的创新精神、探究能力、开放性思维、社会实践能力和社会责任感。同时，创新课程也是一种创新性理念，指在一种课程开发与实施的过程中除了独立的综合实践课程之外，原有的所有课程科目在具体实践中都要设置一些必要的干扰性因素，并通过课程内容的复杂性、模糊性来增加课程的难度，以培养学生的探究能力。

（二）教学内容创新

遵循"厚基础、宽口径、强能力、重质量"的复合型人才培养原则，重新规划和设计教学内容与课程体系。改变过去只在专业学科范围内设置专业课、专业基础课、基础课的"三级"课程编排方式，构建专业必修、专业选修、学科必修、公共必修、公共选修五大课程体系，对教学内容与课程体系进行重新规划和设计。按照学科专业普遍大类平行设计学科专业类课程、新公共基础课程、文化素质教育课程和实践性教学课程等较大教学课程内容体系，增加选修课，减少必修课，对公共课进行分级分类教学。

厚基础就是使学生熟练地掌握各个学科专业的基础理论、基础知识、基本技能，并能扎实地运用到实践中去，强化学生基础知识体系，打造精品课程。进一步加强学生基础理论、基础知识、基本技能和基本方法的学习与实践，进行优秀主干课程建设和基地品牌课程建设，重点建设基础较好、适应面广的学科专业基础课、主干课和专业课，使之达到国家精品课程建设标准。

宽口径就是拓宽学生的专业知识面，把专业设置从对口性向适应性改变，实行宽口径的专业教育，提高学生的综合素质，为社会提供高素质人才。在课程体系建设上，优化课程整体结构，拓宽专业课程交叉培养，提高知识质量，加强学生文化素质教育。在公共必修课程上可以设置学科必修课程，按照分类搭建课程平台，注重文理交叉，在课程体系中设置跨专业课程，强化专业渗透，为学生的宽口径发展搭建学科基础平台。优化学生知识结构，让学生根据自己的专业特长、兴趣爱好和发展趋向自由选择，进一步拓宽专业口径，培养学生综合素质。

强能力、重质量就是从培养学生全面发展、提高学生综合素质出发，以分析、模拟、教学等基本形式展开实践教学，加强课堂内外的实践教学环节，并通过组织社会实践、社团活动、专业实习等实践活动培养学生的务实能力、操作能力，注重学生的人格塑造，充分挖掘学生的潜能，注重培养学生"从一般到个别"的解决能力，着重训练学生"从个别到一般"的调查分析能力，帮助学生养成可行性分析的良好思维习惯，使培养出的学生具备强能力、高质量。

（三）注重实践教学创新

针对我国高校教育教学创新中出现的各种状况，《教育部财政部关于实施高校教育本科教学质量与教学创新工程的意见》中决定实施教育教学质量工程，中央财政投入大量的资金支持质量工程建设。同时，教育部也发出了《关于进一步深化本科教学改革全面提高教学质量的若干意见》，指出要重点落实实践环节，拓宽高校学生校外实习、实践渠道，与社会、行业以及企事业单位共同建设实习、实践教学基地，力求提高高校学生的实践能力。对学生进行实践教育，并多方面采取各种有效措施，确保学生专业实践和毕业实习的时间和质量，把教育教学与社会实践紧密地结合起来。

开展实践教学，要求学校通过开辟各种有效途径为学生搭建实践平台，建立一批相对稳固的课内外学生实习和实践基地，并积极组织学生进行社会实践、调研、实习等活动，逐步培养高校学生的敬业精神，以及艰苦奋斗的精神和坚韧不拔的意志，有计划、有目的地推动大学生自觉自愿地加强职业道德素养。逐步培养学生的实践创新能力，积极支持学生创新创业活动，致力于学生创新素质的发掘和培养。创新素质主要包括创新意识、创新精神、创新能力等三个层面的内容。在一个创新型国家的建设进程中，这种全新的创新素质正逐渐成为学生在就业市场竞争中的核心竞争力。

五、教学模式和方法创新

人才的培养是一个复杂的系统工程，必须不断探索其内在的规律，摒弃不合理的教学模式，认真细致地研究教学，研究其内在的多重因素——教学理念、教学内容、教学方法、教学模式等，从而掌握教学的规律。因此，我们提出了"教学民主"的教学观念，对传统的教学模式进行创新，开创研究性教学、开放性教学和互动性教学等一些能够体现"教学民主"的经典的教学模式，充分突出学生的主体性地位，激发学生的主动参与意识，开发学生的学习潜能，创设民主、和谐的学习氛围，指导学生学会学习，在教学中建立一种和谐的师生关系，充分调动学生学习的自发性和积极性，保证学生和谐全面地发展。

（一）推广研究性教学，培养学生的创新意识

教学从知识传递向注重能力培养转变，必然要求教学方式方法的变革，推进研究性教学正是深化教学创新的重要路径，也是研究型大学人才培养的一个基本特征。研究性教学是一种将教师自身的研究思想、方法和最新成果引入教学过程的教学模式。通过研究性教学，使教学建立在科研基础上，科研促进教学的提高，教学与科研互动并向学生开放，从而引导学生在参与教学过程中步入科研前沿，激发学生主动思考、主动探索、主动实践的创新意识。

第一，研究性学习的过程是情感活动的过程。通过让学生自发地参与探究性学习活动，获得亲身体验，逐步形成一种在日常生活和学习中勇于探索、努力求知的良好习惯，从而激发探索和创新的积极欲望。

第二，研究性学习的过程就是一个探索的过程，是在一个相对开放的环境中寻找问题和探讨解决问题的过程。通过这一过程，可以培养学生的思维能力，培养学生发掘和解决问题的能力，对学生掌握一定的科学的学习方法，增强学生对资料的收集能力、分析能力、总结能力以及学

会利用多种有效手段、多种途径获取信息都有积极的推动作用。

第三，研究性学习的过程是一个互动的学习过程。在这个互动的学习过程中离不开学生与团体、学生与学生之间的沟通与合作，可以说研究性学习为学生提供了一个人际沟通与合作的良好空间，为学生分享研究资料、学习信息、创意和研究成果以及发扬团队精神提供了一个很好的交流平台，培养学生学会合作、发现问题、克服困难、共同解决问题的能力。研究性学习的过程也是一个实践的过程，要求学生从实际出发，实事求是，尊重他人研究成果，严谨治学，积极进取。

第四，研究性学习的过程也是一个培养学生全面素质提高的过程。通过学习实践加深了对科学的认知以及科学对自然、社会的积极意义与价值，使学生懂得思考国家、社会、人类与世界共同进步、和谐发展的伟大命题。在培养学生的创造能力和实践能力之余还培养了学生形成积极的人生观、价值观。研究性学习过程也为学生提供了综合运用各门学科知识的机会，加深了学生对已学知识的重新记忆，培养学生的积极参与能力以及自主创新能力。

（二）推广开放性教学，培养学生的创新能力

开放性教学是为了鼓励学生主动积极地去探究知识规律，对传统教学过程中影响学生发展的不合理因素进行创新，从而培养学生自主创新性学习能力的新型教学。开放性教学的主要思想理念在于以学生的发展为本，通过教学目标、教学方法、教学内容以及整个教学过程的开放，从传统的课堂教学走向开放式教学，充分发挥学生的主体作用，让学生自己掌握学习主动权，自己去探索、发现，培养学生的创新能力。在开放性教学中，教师不能拘泥于教材、教案的内容，而要给学生提供充分发展的空间，创设有利于学生自主发展的开放式教学情境，根据学生的发展状况不断调整教学过程的每一个环节，激发学生学习的动力，促进学生在积极主动的探索过程中健康、全面、和谐地发展。开放性教学不只是一种教学方法、教学模式，它还是一种教学理念，它的根本目的是让学生的创新潜能得到充分发展，以开放的教学活动过程为路径，以最优教学效果为最终目标。

（三）开创互动性教学，提高教学质量

互动性教学就是在教学过程中充分发挥师生双方的主动性，师生之间相互交流、相互探讨，促进师生共同发展，最终优化教学效果，共同完成教学目标的一种教学模式。互动性教学可以活跃课堂气氛，而且能够及时反馈学生的学习进度以及掌握知识的规律。互动性教学包括教与学的互动、教学理念的互动、心理的互动以及形象和情绪的互动等。互动性教学是一种富有生命力的创造性教学，有着现代性、互动性和启发性的特点。它要求教师按教学计划组织学生系统而有目的地学习，并要求教师按学生的发展要求有针对性地因材施教。促进教师努力探索、学习，不断提高自己的专业水准和教学水平，同时激发学生学习的积极性，促进学生个性的发展，提高教学效果和效率，最终提高教学质量。互动性教学以学生为主体，以教师为主导。提倡师生平等地沟通、交流，让学生在没有压力的情况下轻松自由的学习，让学生参与教学计划、教学决策，有利于培养学生自觉学习和主动学习的能力以及创新学习的能力。

六、重视高校学生文化素质教育

学生文化素质教育是高校高质量人才培养的重要组成部分，是我国高校教育教学创新的一个重要方面，要将文化素质教育贯穿于高校教育的全过程，进而实现教育的整体优化，最终达到教书育人的目的。高校学生的基本素质包括文化素质（思想道德素质）、专业素质和身体身心素质，其中文化素质是基础。文化是人们所创造出来的物质和精神的成果，是人的活动的对象化、物化，是人观念存在的形式，是超越个人的实物形态或观念形态。一种文化一旦被创造出来，就不再受时间、空间、个人的限制，就会被广泛地传播和使用。文化素质就是人们所拥有的所有文化知识的内在的积淀，文化素质对人们的人生观、价值观的形成具有基础性的决定作用，并最终成为行为的指导规范。同样，人们已有的人生观、价值观也会反作用于文化素质。提高学生素质教育，主要是指文化素质教育及创新精神、实践能力的培养。文化素质教育重点指人文素质教育，主要是通过对学生加强文学、历史、哲学、艺术等人文社会科学、自然科学方面的教育，以提高全体学生的文化品位、审美情趣、人文素养和科学素质。

（一）提高高校学生文化素质教育的目的和意义

国家要发展，经济是中心；经济要振兴，科技是关键；科技要进步，教育是基础。由此可见，教育在我国发展中的作用和地位是重中之重的。在发展过程中，需要主体——人，是有知识、有文化、有创造力的人，进行社会发展和变革。因此，发展最根本地又被归结为人的发展。高校教育主要是培育有知识、有文化、创新型人才，高校教育能够产生新的科学知识、新的生产力。高校教育的三大职能之一是发展科学，高校教育在传播知识、培养人才的同时，亦创造新的科学理论。高校教育所培养的不同专业、不同层次的各种文化素质人才在社会生活各领域的作用，将直接或间接地影响全社会的可持续发展，可持续发展的教育观念即是应从全社会可持续发展的角度来审视教育的创新与发展。在高校教育中，我国已从办学体制、投资体制、管理体制、教育教学、招生就业、考试制度等方面进行了多层次的创新，已经逐步走上了一条可持续发展的新道路。当然这条道路并不平坦，在进行创新的过程中会有诸多的问题凸显出来，其中提高高校学生文化素质教育显得尤为重要。

（二）观念变化对高校学生文化素质的影响

我们生活的时代正处于急剧变革的社会转型时期，人们的生存方式和形态也随之发生了历史性的变化。目前，受社会上一些现象的影响，各种媒介的导向作用，使我国高校学生的价值观、文化观都发生了巨大的变化。"价值观是人们对人和事的评价标准、评价原则和评价方法的观点体系。它具体表现为信念、信仰、理想和追求等形态。一定的价值观反映着在一定生产关系条件下人们的利益需求，决定着人们的思想取向和行为选择。"在经济日益全球化的今天，经济的迅速发展、物质的极大丰富，也在刺激着高校校园，高校学生作为最敏感的社会群体之一，其价值观也随之不断变化。当前经济发展、教育创新与媒体导向等是影响大学生价值观变化的主要因素。

文化观是一个人对待文化的态度。我们要树立正确的文化观，不狂妄自大，不妄自菲薄。合理对待外来文化，不一概排斥，但也绝不崇洋媚外。

（三）提高高校学生文化素质的途径

提高学生文化素质教育，必须将文化素质教育贯穿于高校教育的全过程，要求培养出的学生具备人文科学素质、自然科学素质，具有较强的综合能力，如观察分析能力，研究思考能力，语言、文字表达能力，决策能力，组织能力，处理复杂关系的能力以及应用计算机和现代信息技术进行学习、工作和生活的能力，从而实现教育过程的整体优化，最终达到教书育人的目的。提高学生文化素质，必须从以下三方面做起：

第一，提高学生文化素质教育，高等院校必须转变教育观念，必须进一步加大教育教学创新力度，建立科学的课程体系，创新教学内容和教学方法。首先，转变教育思想并更新教育观念。我们要转变教育思想、更新教育观念，在教育过程中要注重对学生创新能力的培养，开发学生的潜力，让学生在受教育过程中享受到创新的乐趣，积极进取，把学生培养成为全面发展的人。其次，构建科学的课程体系，进行教学内容和课程体系创新，充分发挥以课堂教学为主体的导向作用。文化素质不能纯粹以自然的方式在现实生活中靠个体的感悟和体验来获得或提高，而是需要精心设计和安排，以科学而系统的课程体系为支撑，通过发挥课堂教学的主导作用，来实现学生文化素质教育的目的。总的来说，要全面提高高校学生的科学素质与人文素养。在具体教学过程中，应强调人文与科学的自然渗透与融合，必须包括文、史、哲、自然科学等多学科门类的知识内容来构建多学科交叉的高校课程体系，为培养学生科学素质和人文素养提供广博而深厚的文化底蕴。强调课程体系的科学性，使学生通过各种必修课和选修课的学习和探索，形成合理的知识结构和深厚的知识基础。

第二，提高学生文化素质教育，高等院校必须提高教师队伍质量，使教师的科学素质和人文素质全面提高。蔡元培曾指出，大学为纯粹研究学问之机关，不可视为养成资格之所，亦不可视为贩卖知识之所。学者当有研究学问之兴趣，又当养成学问家之人格。"师者，所以传道授业解惑也。"教育工作者是社会主义核心价值体系的宣传者和教育者，"身教重于言教"，教育工作者要发扬严于律己、以身作则、率先垂范的优良作风，自觉自愿地做到诚信、肯学、肯干，带头实践我们所提倡的道德标准、价值观念和理论要求，真正起到教育和带动广大学生的领头作用，只有这样，才能真正提高和发挥社会主义核心价值体系中教育工作的说服力、吸引力和感染力。

第三，提高学生文化素质教育，必须创新人才培养模式，把知识、能力和素质三者有机地结合起来，贯穿于高校教育的全过程。使高校学生在这三个方面获得和谐的同步的提高，以期造就出高素质的全面发展的人才。要培养学生拥有良好的文化素质修养，不仅是传授文化知识，而且要教给他们获取知识的方法和技能，在获取知识的同时，让能力得到充分的发挥、个人素质得到充分提高，这才是教育创新的最终目的，这才是教育的真正目的。蔡元培先生曾说，教育是帮助被教育的人，给他能发展自己的能力，完成他的人格，于人类文化上尽一份责任；不是把被教育的人，造成一种特别器具，给抱有他种目的的人去应用的。

除此之外，还要全社会的积极配合，媒介充分发挥积极正面的舆论导向作用等，只有这样，培养出的学生才是全面发展的人，才会成为有益于社会、有益于人类的有价值的新型知识人才，才能继续推动教育创新，才能推进整个社会的可持续发展。

七、人力资源强国战略推动高校教育教学创新

实施人力资源强国战略，关键在于建设高校教育强国。进入 21 世纪，国家站在创新开放和加速社会主义现代化建设的高度，提出了实施人力资源强国战略的重大举措。

高校的职责就是为建设高校教育强国提供强有力的人才保障和科技支撑。当前我国高校教育已经实现了跨越式的发展成为一个高校教育大国。要想建设成为一个人力资源强国，必须以人为本，从创新教育观念、突出高校办学特色、深化高校教育教学创新和完善体制等方面全面推进高校教育创新，才能将我国从人口大国建设成为人力资源强国。我国高校教育人力资源开发的构想是坚持"人力资源是我国持续发展的第一资源"的战略决策，从 2011 年到 2020 年，高校入学率达到 40%，各类高校在校生人数达到 3300 万人左右，这一时期高校教育学龄人口规模下降，高校教育普及程度快速提高，研究生在校生人数达到 200 万人以上，打造若干所世界高水平大学，造就一批世界级先进学科，大幅提高国家科技的原创力，培养一大批拔尖创新人才，争取实现我国诺贝尔奖零的突破；从 2021 年到 2050 年，高校入学率达到 50% 以上，进入高校教育普及化阶段，各级教育都达到较高发展水平，实现从追赶到超越的战略转变，跨入教育发达国家行列，成为世界高校教育人力资源强国。

我国从高校教育人口大国迈向高校教育人力资源强国的构想是：从 2002 年到 2020 年，每百万人口中科学家和工程师人数达到 1500 人左右；从 2021 年到 2050 年，每百万人口中科学家和工程师人数达到 3000 人左右，实现高校教育人口大国向高校教育人力资源强国的跨越发展。我国必须在全面建设经济型社会的同时全面建设学习型社会，强化高校教育人力资本投资，使我国高校教育人力资源的结构更加合理、总量更加充足、质量更加提高、体系更加完善，最终带动全体人民学习能力和就业能力的发展，提高人民的整体素质和综合能力，使我国从教育人口大国迈向人力资源强国。

第三节 高校教育教学理念的举措

一、树立终身教育的教学理念

终身教育、终身学习的思想是近代以来各国教育界乃至思想界的热门研究课题之一，构建终身教育体系、创建学习型社会也逐渐成为联合国以及世界各国指导教育改革和社会发展的基本理念。终身教育论者认为教育具有时空的整体持续性，即教育与学习"时时都有，处处皆在"。传统教育往往将人的一生分割为三个时期，即学习期、工作期、退休期。终身教育则冲破传统教育的观念，认为教育应当包括人发展的各个阶段及各个方面的教育活动，既包括纵向的一个人从胎教开始直至死亡的各个不同发展阶段所受到的各级各类教育，也包括横向的从学校、家庭、社会等各个不同领域受到的教育。

《中华人民共和国教育法》明确提出，要"建立和完善终身教育体系"。《面向 21 世纪教育振兴行动计划》进一步明确，"终身教育将是社会生产力发展与社会进步的共同要求"，要"基本建立起终身学习体系"。可见，终身教育、终身学习已经成为我们的教育和社会理想，建立和完善终身教育体系，已成为我们义不容辞的职责。因此，要树立终身教育的教学理念，将各类教育形式有机结合、合理配置，创新高校教育的教学模式。高校教育肩负起发展终身教育的重任，依据社会的发展、职业的需求搞好高校教育、岗位培训、知识更新教育和继续教育，尽可能满足社会和经济发展的各种人才的要求。

强化开放办学的指导思想。联合国教科文组织发表的《德洛尔报告》中指出："如果大学能向所有希望恢复学习、接受和丰富知识或渴望满足文化生活的成年人敞开校门的话，大学就能成为人们一生中受教育的最好的讲台。"世界许多国家通过开放办学使高校教育从精英教育转向大众教育，甚至普及教育。

我国高校教育由传统办学转为开放办学，一方面要大力发展远程教育和网络学校，采取"宽进严出"政策，向每一个人提供接受本、专科水平的高校教育。远程教育和网络学校由于不受时间和空间限制，更加适合各类在职人员的学习需要，必将部分取代传统高校教育的函授、夜校和自学考试等多种助学方式，成为21世纪高校教育发展新的增长点。另一方面要充分利用高等学院是社会主义经济建设当班人这个得天独厚的优势，与企业、社会建立更为密切的关系，把学校办成教学、科研和经济建设的联合体，提高高校教育在市场经济条件下的办学效益和造血功能，使高校教育在自身发展壮大的同时，进一步提高为社会服务的功能。还要有强烈的国际意识，推进和发展高校教育的国际交流与合作，大胆吸收和借鉴世界高校教育的成功经验，使我国的高校教育建立起一个面向社会、放眼世界、兼收并蓄、博采众长的开放体系。

二、拓展德育教学的教学模式

从职业发展理论来讲，高校教育在德育教学上的问题，将影响职场个体的职业发展精神和职业道德素养的培育。但是高校教育对象的特殊性，决定了学生德育教学的艰巨性、复杂性。一般意义上的德育教学很难达到令人满意的效果，高等德育教学也成为高校教育中最为薄弱的环节。因此，创新基于职业发展理论的高校教育教学模式，应当积极拓展高校教育中德育教学这一重要组件。

（一）拓展德育教学的内容结构

现代德育是以社会现代化、人的现代化为基础，以促进人的现代化为中心，进而促进社会的现代化的德育。现代德育必然要反映现代社会中人自身道德发展的要求，反映现代社会发展的要求。因此，在围绕高等德育内容的构成上，应该更具广泛性、现实性。职业道德是衡量一个从业者道德水平高低的重要标尺，它影响和决定着人们劳动的态度和方向，成为决定劳动者素质水平的灵魂，在高校教育内容中居于核心地位。另外，高等德育要指导受教育者运用科学先进的价值理念学会判断、学会选择、学会创造。随着科技、经济、社会的发展，人们的生活方式、价值观，包括道德观念、道德准则不断变化，原有的某些道德观念、道德规范有可能过时，不可避免地需要提出一些新的道德准则和规范。例如，在科学道德、信息道德、经济道德、网络道德、生态道德等领域特别需要具体的规范，特别需要道德的创造。因此，这也应该是高等德育教学的重要内容。

（二）拓展德育教学的教学形式

拓展德育教学的教学形式必须充分利用现有教学资源和条件，选取在教学中已经成形的教学方法和模式进行拓展延伸。

第一，应当充分运用课堂教学，开展德育教育。课堂教学是学生学习的主要形式。在课堂德育教学开展过程中，根据高等学习的特点，在教学计划和教学内容上，都要做特殊要求，教育内容应该根据市场经济的形势，适时调整德育目标。将以往的"完人道德"调整为"高等道德"教育。教育过程中要坚持先进性和普遍性相统一的原则，立足市场经济的实际，提倡"为己利他"的道德建设目标，把"利己不损人"作为道德底线，并且把健全的人格塑造放在德育工作的首位。同时，注重发挥学员主观能动性，强化课堂师生双向互动，创造轻松、活泼的德育氛围，保证对学员开展有效的德育教育。可以聘请知名专家举办专题报告，作为特殊课堂形式，加强对学员人生观、职业道德、现代教育教学和传统文化的教育。总之，无论课堂内外，德育教育的目标和德育教育的重点都应在学生健康人格的塑造上，使学生明白道德建设是人格修养不可或缺的一部分时，他们才能接受我们的教育。

第二，利用多媒体教学，强化德育教学效果。传统的授课方式无法满足现代高校教育德育教学的需要。因此，在德育教学过程中，要以鲜活生动的实例来感染学生。通过学生自主的情感判断来塑造道德榜样，唤起对道德善行的崇敬之情，在纷繁复杂的社会现象中找到自己的道德归宿。注重现代教育技术的充分运用以及信息技术与学科资源的整合。充分利用电影、电视、教学录像等信息化、电子化、智能化的多媒体教学手段，借助于这些灵活多样、内涵丰富的声、光、图像等教学形式的直观冲击力，增强学生的兴趣，使学生的认识更加深刻，产生事半功倍的理想教学效果。此外，可以利用网授以及远程教学发挥网络教学的优势，拓展德育教学空间，克服高校教育教学时空上的局限性，整合课堂教学和多媒体教学的优势，充分发挥网络资源在教育教学中的作用；借助网络实施网络教学，可以将专家、学者的精彩专题报告、德育教学录像制作成教学辅导光盘在教学辅导网站上和有条件的教学点进行播放。

这一生动、灵活、便捷的德育教学形式克服了高校教育时空上的制约，发挥了网络便捷、高效、涵盖广、辐射面大的优势，最大限度地拓展了德育教学空间，为广大学员提供了全天候德育教学服务。

（三）拓展德育教学的评价体系

基于高职教育的特殊性，高校学习者的德育考核评价有别于其他一般的考核，具有自身的特殊性。因此，凡是列入教学计划的内容，可以通过知识考试的手段进行考核评价；对于学生的思想观念的考查，可以通过日常管理中的操行鉴定来考核评价；对于学生的行为考核主要由学生工作单位出具考核鉴定和进行跟踪问卷调查。另外，为了充分调动广大学习者的积极性，鼓励他们在思想上、学习上积极进取，可以建立评优奖励制度，进行精神和物质奖励。对表现差的学生进行批评教育。通过长期的探索以及多年来高等教育的实践，制定一系列评判原则和标准，建立以职业发展为基础的高校教育德育教学全方位评价体系。

（四）拓展德育教学的管理网络

高校教育的德育教学是一项复杂的系统工程，必须要动员主办学校、学生家庭等全方位参与，才能实施有效的组织管理。主办学校根据国家的有关规定，结合高校教育的特点，制订德育教学计划，科学、规范、可行的评价考核标准以及考核措施，如班主任配备，班级临时的党、团支部活动安排等，负责德育教学的实施和知识考核。学生居住的社区和学生所在单位承担着对学习者的平时监督、检查的作用，负责平时的思想政治教育。学习者所在单位具体负责学生日常行为、思想观念等方面的鉴定意见。通过三个环节的协调一致，才能形成高等德育教学的组织管理网络。

三、确立多元化的教学模式

创新基于职业发展理论的高校教育教学模式，需要以学生的职业发展需求为导向来设计多元化的教学模式，创造一种超越时空限制的弹性化学习机制。确立多元化的高校教育教学模式，必须体现高等教育特点，以高等教育的生活、需要与问题为中心，突出能力培养与多种教学范式综合运用的教学活动与形式。新的教学模式应强调个体的思维能力和动手能力，而不仅是学习基础知识，强调解决问题的能力，强调培养学生面对快速变革的职业生涯和多元的价值取向所应具有的包容能力和理解能力。在课程建设目标上，要更加强调综合能力和建立在个性自由发展基础上的创新能力。在教育建设中注入科学精神和人文精神，以滋养和陶冶学生的性情，帮助其顺利走上职业发展道路。

按照教学对象的细分，我们可以把多元化的教学模式分为学生为主产生的教学模式、学生为业余产生的教学模式、学生为函授生的教学模式。对于第一种即学生为主产生的教学模式，其教学目标为系统地掌握知识、方法和技能，综合素质全面提高；其教学内容为基础理论＋专业理论＋专业技能；其教学方法与手段为课堂教学法（主）＋试验实践教学法（主）＋网络教学法（辅）。对于学生为业余产生的教学模式，其教学目标为较系统地掌握知识要点，具备从事专业岗位的知识结构与知识适用能力；其教学内容为基础理论＋专业理论＋理论运用；其教学方法与手段为课堂教学法（主）＋网络教学法（辅）。对于学生为函授生的教学模式，其教学目标为了解一定的理论知识要点与基本具备进一步的提高能力，基本具备知识要点使用能力；其教学内容为基础理论＋专业理论＋理论适用；

其教学方法与手段为网络教学法（主）+ 课堂教学法（辅）。

在具体的实践中，确立多元化的教学目标应注意以下三点：

第一，确立多元化的教学模式应突出学生的能力培养。函授生、业余生来源于生产、服务、管理第一线，具有较强的实践工作经验，但理论知识相对较缺乏，因此需要通过专业知识的学习与深化，强化理论知识与实践的结合，培养专业技术知识的综合运用能力，而学生的学习目的是适应市场变化新形势，通过学习找到较满意的工作。因此，高职教育教学模式必须体现以高校需要为中心的"突出能力培养"的目标。

第二，应提倡跨时空的教学形式。高职学生的工学矛盾突出，文化基础差异较大，这为教学组织和教学质量的提高增加了困难。而以网络为基础的教学手段则有效地解决了以上问题，一方面，网络教育不受时空限制，从而为成教学生提供了跨时空的学习环境。另一方面，网络教育作为一种教学补充，有利于基础较差者的知识补充。因此，多元教学模式必须具备"虚拟学习环境与学习社区"功能。

第三，确立多元化的教学模式，应转变教育观念，改革和创新教学方法，采用适合高职学生心理特点和社会、技术、生活发展需要的教学方法。

四、引入校企合作的教学模式

在高职教育过程中，由于高校学生身份的特殊性，他们往往要兼顾学习和工作的双重压力，难以在两者之间恰当地分配时间、精力，形成较难解决的工学矛盾。另外，就职业发展理论而言，高职教育教学模式必须考虑到学生的职业发展需求是以学习专业理论和专业技能为主。为了找到学习和工作之间的平衡点，并提高学生的实践动手能力，有必要引入校企合作的双元制教学模式，以夯实学生的职业发展道路。

（一）建立校企联动机制

合作的前提是信任和需求，关键是寻求联动的结合点，否则便难以形成合力。从前面的分析中我们已经清楚地意识到，校、政、企三方都有实施教育的愿望和条件，这就给创建"学校主办、企业和政府协办或督办"的共同办学联动机制铺平了道路，也为实施校政企合作人才培养模式扫清了障碍。

对学校、政府、企业而言，发展是大家关注的焦点。因此，校、政、企联动的逻辑起点应该是发展。学校发展主要体现在人才培养上，政府（社会）、企业发展需要人才，人才就成为双方或多方联动的结合点。要让学校、政府、企业围绕人才培养走到一起，必须建立有效的联动机制，包括管理制度和运行模式。必须建立以现代信息技术为依托的网络交流平台以及信息员联络制度和信息发布制度，畅通对外宣传和信息沟通渠道。

（二）规范校企管理模式

双方或多方合作，必须以合同或协议的形式建立一种有约束力的办学关系，明确双方的责任与义务，从而确保合作的有效性和规范性。同时，必须充分尊重高校教育规律和高校学生特点以及政府、企业的实际需要，建立以主办学校为主、政府和企业参与的教学管理制度，共同商议、决定重大事宜，合理安排各教学环节，确保教学质量，达到规范性与灵活性的完美结合。在办学实践中，我们实行的是项目管理，即由学校、高校教育主管部门和企业、政府负责人组成项目管理组，共同研究制订培养计划、管理制度并组织实施。在具体的教学实施过程中，校、政、企各方紧密合作，及时掌握教学情况，有力地保证了人才培养质量。

（三）合理设置培养目标与教学计划

高职教育培养适应生产、建设、管理、服务第一线需要的德才兼备的应用型高级专门人才。要实现这个培养目标，关键是要制订一个以较高层次的技术应用能力为主线的培养方案，构建科学、合理的课程体系，确定学以致用的教学内容以及与学员的职业发展、从业岗位密切相关的实践教学环节。因此，必须彻底改变沿袭普通高校教育的人才培养模式，建立"学历＋技能"的学科课程与技能培训相结合的课程体系。学生来自各行各业生产、管理、服务一线，有的还是管理和技术岗位骨干，对职业、技术及其所需知识有着深刻的认识。学生所在单位和部门也希望自己的员工能学有所获、学有所成、学以致用。因此，我们在制订教学计划时，应该充分利用学生及其所在单位这一宝贵资源，让学生和社会各界充分参与到教学计划制订和课程设置中来，使我们的教学计划、教学内容更具针对性和实用性。实践证明，高职教育校、政、企合作人才培养模式是一种多方共赢的人才培养模式，也是高职教育事业可持续发展非常有效的一种模式，随着科技、经济、社会的持续快速发展，它必将拥有一个美好的前景。

校、政、企合作之路还在探索之中，许多深层次问题还需我们在实践中不断地探索，如合作模型与运行机制问题、学历教育与技能培训关系问题、学生考核与评价问题等。我们必须在实践中改革创新，拓宽运作思路，主动走出校门，将高职教育真正办成面向社会的开放式教育，为社会各界、企事业单位提供更好的教育服务。

五、以学生为教学中心

职业发展理论的核心是职场个体的职业生涯发展，说到底是以人为中心的考虑点。因此，基于职业发展理论的高校教育教学模式的创新也应当坚持以人为中心的价值取向。"大学之道，在明明德，在亲民，在止于至善。""亲民"和"至善"从主客观方面都体现了人本思想。坚持以人为本，树立全面协调可持续发展理念，体现在高校教育教学中主要是坚持以学生为中心，以人的教育为出发点，以人的教育为归属。

这就意味着高校教育的教学评价必须着眼于人的发展，着眼于社会对人的多元化的需求，而不能局限于知识的考核。基于职业发展理论的高校教育教学模式，要体现以学生为本的思想，就必须要尊重学生的评教权，尊重学生对教学过程的选择权，缺少这两者，就无法做到以学生为本。高职学生在接受教育时，不需要被动接受一些对他们没有用的知识，而是需要掌握对自己有价值的知识。他们需要的是一种自我的选择知识和构建知识的权利。因此，创新基于职业发展理论的高职教育教学模式应当坚持以学生为教学中心的价值取向。

　　基于职业发展理论的高职教育教学模式应以学生的实践动手能力为基本的评判标准。众所周知，高职教育与普通高等教育同属高校教育的范畴，它们有共性，但毕竟是两种不同的教育形式，所以也有着它们自身独特的个性。但时至今日，仍有相当多的人以普通高校教育的观念、普通高校教育的模式、普通高校教育的标准来套用、衡量高职教育，力求在质量与规格上与普通高校教育"同类""同质""同轨"。这在学生的就业与求职中表现得最为明显。高职学校出于对学生前途着想，只好在日常教学与考核上，变求同存异为全同不异，导致高职教育慢慢被普通高校教育同化。踏入职场，接手工作岗位，对缺少高等学历文凭和高等文化教育的高职学生来说，扎实学习一门专业学科并培养较强的实践动手能力，才是他们在职场上安身立命之根本，并且以此作为日后职业生涯发展的基石。因此，创新基于职业发展理论的高职教育教学模式应当坚持以实践能力作为评判标准的价值取向。

第三章　高等教育管理的创新

第一节　高等教育管理创新的现实必要性

当今世界，高等教育的发展异常迅猛，高等教育思想、教育体制、教育内容、教育手段等无不发生着深刻而巨大的变化。我国高等教育事业要快速、健康持续发展，永葆生机和活力，关键就在于不断推进高等教育管理创新。管理实践也表明，没有管理的创新，也就没有管理目标的实现。要坚持教育创新，提高教育质量和管理水平。可见，加强高等教育管理的创新和实践探索，是实现我国高等教育振兴的必然要求和现实需要。

一、市场经济的完善要求高等教育管理创新

高等教育管理思想是建立在计划经济体制基础上的，人们往往把学校管理与一般行政组织和经济组织等同起来，习惯于用行政方式来管理学校事务，形成了以行政约束为主导的管理机制，以至于行政权力过于膨胀、学术权力弱化。随着市场经济的不断完善，一元的高等教育体制逐渐被打破，教育行政部门开始转变职能，向高等学校下放权力，国家对高等学校的管理由微观管理转向宏观指导，由单纯行政管理转向市场调节和法治管理。高等教育管理要摆脱计划经济的思维模式，主动适应社会主义市场经济就必须要创新。

二、知识经济的发展呼唤高等教育管理创新

知识经济的发展取决于高等教育的发展，也赋予了高等教育新的使命。知识经济的发展对传统的高等教育理论提出了挑战，要求它在转变教育观念及思维方式的基础上，实现体制创新、管理创新、技术创新，在遵循高等教育规律的前提下实现高等教育规律与市场作用的有机结合，并与之同步。同时，与知识经济相适应的高等教育，必须是具有自身内在活力机制的高等教育，必须是多种办学模式并存的高等教育，必须是优化资源配置、走内涵发展道路的高等教育。因此，高等教育应当根据经济社会发展的内在要求，选择具体的发展战略和具有特色的教育发展模式，并以此作为高等教育管理改革的根本依据。可见，高等教育管理要适应知识经济的发展，创新是其必然的选择。

三、高等教育大众化需要高等教育管理创新

至 2017 年年底，我国共有高等学校 2914 所，各类高等教育在校生规模达 3779 万人，高等教育毛入学率达到 45.7%，进入了国际公认的大众化教育阶段。高等教育大众化必须以保证教育质量为前提，人才质量是学校教育价值最终和具体的体现。影响人才质量最主要、最直接的因素就是学校的教学质量。而规模与质量是高等教育在发展过程中必须面对且必须处理好的问题，没有质量的教育规模再大也毫无意义，而且是巨大浪费，只讲质量不讲规模的教育，效益必然不高，也很难持续发展。因此，随着高等教育从精英化到大众化，高等教育无论是管理思想、管理观念，还是具体的管理体制和管理运行方式，都必须进行调整，甚至要有一个重新定位、重新构建的过程。这就要求高等教育完善管理制度，加强管理创新，在保证质量的前提下，立足于最大限度地满足公众的高等教育需求，以适应高等教育大众化的要求。

四、高等教育国际化促使高等教育管理创新

中国加入 WTO 后，高等教育进入了国际化的时代。一方面，加入

WTO 后，高等教育服务的国际贸易竞争将会加剧，高等学校是否具有国际竞争力将成为衡量一所高等学校的重要标准。另一方面，加入 WTO 后，高等教育将在各个方面面临深层次、多角度的开放，国外发达国家的办学理念、管理思想、充足的办学资金、先进的教学内容和教学方法等将潮水般大量涌入，国外高等教育机构也会随之向我国提供更多服务，这对我国高等教育发展既是机遇更是挑战。因此，高等教育管理必须加以创新，积极应对高等教育国际化带来的强烈挑战。

五、高等教育法治化要求高等教育管理创新

全面推进依法治校，是保障高等教育优先发展战略地位、实施科教兴国的重要战略举措。随着高校办学自主权的落实和现代大学制度的建立，政府对大学的管理将更宏观，加强政府的宏观调控，强调高校自主办学，关键就是依法治教、依法管理。近些年，我国大力推进依法行政和依法治教，加快政府职能转变，高等教育依法行政和教育法治建设得到了显著加强。尤其是加入 WTO 后，我国高等教育将进入整个世界高等教育的大范畴内，由政策性的开放转为制度性的开放，高等教育法治化成为更加迫切的现实需求和选择。随着高等教育的逐步法治化，高等教育管理必须走创新之路。

六、信息技术快速发展推动高等教育管理创新

随着信息技术的快速发展，计算机信息系统不仅作为信息的储存、加工处理与传输工具，而且在建立科学的决策机制、优化资源配置和组织机构、提高人员素质等高等教育管理活动中扮演重要角色。对高等教育来说，信息技术的快速发展，将使整个教育结构呈现出完全不同的面貌。现代信息技术是加速高等教育发展的"特快列车"，实现教育传播和教育管理手段的革命性跃进，它给高等教育管理创新带来了独特的优势和不可替代的作用，它的广泛应用要求高等教育管理必须不断创新并与之相适应。

七、高等教育的特殊性要求高等教育管理创新

自著名经济学家舒尔茨等人创立人力资本理论后，教育资源作为人力资本投资，已被列为生产性投资。教育是全局性的、主导性的基础产业的观点已在世界范围取得共识。高等教育生产的是有巨大外部效应的准公共产品，即它不仅对受教育的学生有效益，而且对国家和全社会都有效益。这一特征使得高等教育又有公益事业的特性，因而不能以营利为目的；但高等教育又为经济建设和社会发展培养高级人才，不可能完全由国家财政包办。基于此，在社会主义市场经济体制下，把高等教育作为一个特殊产业来开发，在一些院校和领域采取某些市场机制和企业经营机制，如重视产、供、销衔接，重视投入产出，讲求效益，在财政和人事制度上运用适当的竞争机制等，对高等学校的发展是十分必要的。

第二节　高等教育管理创新的重点内容

进入 21 世纪以后，我国高等教育的改革也正在向更深层次推进，大量的改革和不断出现的新情况、新问题给管理工作提出了诸多挑战，如何适应和服务于高等教育改革的需要，就是高等教育管理寻求创新的突破口。高等教育管理创新从形式上看是多样的，从内容上看同样多姿多彩。而事实上，高等教育管理创新任何一种表现形式和具体内容，绝不是孤立的。高等教育管理的任何创新都基于国家政策的宏观指导、管理者对高等教育发展现状的客观判断以及对未来发展趋势的科学预测。因而，高等教育管理创新是一个开放的体系。管理创新从形式到内容都要在这一体系中通盘考虑，以达到创新的初衷。笔者认为，高等教育管理创新体系应由下列内容组成：

一、创新教育观念

高等教育事业的改革与发展离不开代表时代精神的教育观念。高等教育事业发展总是离不开观念的创新。高等教育发展战略规划、办学理

念等都是观念创新的范畴。只有观念创新，才能管理创新。我国高等教育要与新形势相适应，就必须解放思想，与时俱进，创新教育观念，尽快确立与当下我国经济与社会发展需要相适应的教育观。一是树立全面、协调、可持续发展的科学观；二是确立"法治"与"德治"并举的观念；三是确立高等教育国际化的观念。

二、革新管理体制

就高等教育而言，众多高等学校都面临着非常紧迫的制度创新问题。与传统经济体制相适应的高等教育管理制度虽得到改革，但管理制度的改革深度及广度远未达到适应高等教育事业发展的要求。政府和高校是高等教育管理的两个主体，两者之间要建立良性互动关系。从政府层面来说：一要简政放权，大力推进依法行政，加快政府职能转变，清理并减少政府行政性审批，由对高校的直接行政管理转变为主要运用立法、拨款、规划、信息服务、政策指导和必要的行政手段等对高校进行宏观管理，进一步扩大高校的办学自主权。二要积极发展民办高等教育，使办学体制多元化。充分利用社会资源发展民办教育，形成公办教育与民办教育共同发展的格局。从高校的层面来说：一要充分发挥学术组织或学术群体在决策中的作用，积极探索各种使决策科学化的有效形式。二要建立起行政权力与学术权力有机结合的二元结构及其运行机制。三要进一步推进管理重心下移，使分权和授权成为可能和现实，既减轻高层管理者的工作负担，增加高等教育管理中重大决策成功的可能性，又增强基层管理者的积极性、主动性和创新性。

三、坚持"以学生为本"

随着社会和时代的发展，管理的要素日益增多，但管理的第一要素或核心要素始终没有变，而且越发突显，这就是"人"这个要素。在管理理论和实践的发展中，伴随着对人的本性的研究和对人力资源的探究，"以人为本"的理念增加了越来越丰富的内涵，这就是要唤醒人的主体意识，重视人的价值，发挥人的潜能，激发人的智慧，提升人的素质，促进人的全面发展。高等教育管理的主体、管理的客体、管理的目的都是人，高等教育所承担的是培养社会主义事业接班人的任务，其在以"人"为"本"的主体取向上出现了二元复合主体——教师与学生。因此，高等教育管理始终要坚持以人为本，办学"以教师为本"，教学"以学生为本"，将管理与服务、管理与育人紧密结合。

四、实行人才战略

要应对日益激烈的国际竞争，就必须极大地增强科技和教育的推动作用，极大地加快人力资源特别是人才资源的开发和利用，极大地增强我国在国际上的人才竞争优势。一方面，要通过制订和实施人才的引进、使用、培养、储备规划，加大智力投资，完善激励措施，营造优秀人才健康成长的社会和制度环境，建设一个既满足当下工作需要又满足持续发展需要的人才库，扩大我国人才储备数量，防止和减少我国高级专业人才流失。另一方面，要树立国际化意识，加强与世界各国的交流与合作，瞄准国际市场开发人才，采取各种形式吸收、引进和利用海外优秀人才。与此同时，在管理中要加强人力资源的能力建设，激活人的智能，最大限度地发挥人的能力，在用人原则上强调德才兼备，建立竞争上岗的优胜劣汰机制，真正做到能者上、庸者下，建立一种各尽其能的能级运行机制。

五、提高质量与效益

提高教育质量和办学效益始终是高等教育改革的根本目的，是加强高等教育管理的首要任务，是高等教育可持续发展的重要目标。首先，要树立新的质量观，形成科学的教育质量新标准。其次，要深化教育教学改革，推动高等教育的培养模式、课程体系、教学内容和教学方法的改革与创新，利用新的方法和技术，提高教育质量。最后，要注重用人效益和经济效益。

六、推进科学管理

高等教育传统的管理手段与方法与当前的经济发展的要求相距甚远，高等教育领域出现的诸多新生事物从客观上要求对高等教育管理手段及方法进行创新，这就要求必须对高等教育进行科学的管理。

高等教育的科学管理是指高等教育的各项管理工作都要符合管理科学和教育科学的特点和规律，使管理工作制度化、秩序化、规范化、民主化和效益化。在高等教育的管理过程中，要全面推进依法治校的战略对策，建立科学合理的教育法规体系，不断加大高等教育立法的工作力度，深入开展高等教育普法工作，切实加强高等教育行政执法与监督；要实现高等教育民主化管理，完善教职工代表大会制度和政务公开制度，加强学生自我管理，加快高等教育管理民主化建设进程，保证高校的师生员工参与学校管理，尤其是参与各项重大问题的决策，真正实现高等教育决策的民主化和科学化，实现民主管理的制度化、全面化和经常化；要创新管理手段及方法，重视各种预测方法、风险决策方法、数学模型以及计算机网络的开发利用，建设高等教育管理的新平台，促进高等教育管理手段的现代化、科学化。

总之，高等教育的创新管理在管理创新中占据重要的位置，创新管理主要是要求在管理实践中实施战略管理与知识管理，即在继承人本管理思想的同时，结合当前经济时代的高等教育发展特点予以创新。高等教育管理创新体系涵盖面很广，创新体系的内容繁复多样，这需要在管理实践中不断总结。

第三节 高等教育管理创新的具体措施

管理既是一门科学，也是一门艺术。纵览全球经济、社会、文化的发展历史，管理的灵魂在于创新。高等教育管理的对象涉及人、财、物诸多因素，科学化的高等教育管理主旨是使诸要素优化整合，其表现是使高等教育达到最佳的社会效益与经济效益。从某种意义上说，管理创新是高等教育科学化管理之魂。

一、高等教育管理创新的具体表现形式

管理创新是指创造一种新的更有效的资源整合模式，这种模式既可以是新的有效资源整合以达到目标与责任的全过程式管理，也可以是新的具体的资源整合及目标制定等方面的细节管理。对高等教育管理创新而言，其具体表现形式可能为：（1）提出一种新的适应形势的战略规划，这种规划具有充分的可行性，这是管理创新的一种形式；（2）创立一个新的管理机构，而这一机构能使高等教育活动有序展开，有效运转，这也是一种创新；（3）提出一种新的具体的管理方法或方式，这种方法、方式能有效地整合高等教育资源，从而达到发展的目的；（4）针对高等教育的发展实际，设计一种新的管理模式，提出实现目标的管理机制，使高等教育总体资源有效配置，而这种模式具有普遍指导意义，是一种创新；（5）管理制度的创新，高等教育管理制度是高等教育资源整合行为的规范，任何行之有效的管理制度的创新都是管理创新的内容之一。

（一）坚持与时俱进，积极推进高等教育管理理念的创新

现代高等教育的发展以教育思想的突破和革新作为先导，创新高等教育管理理念是提高高等教育管理效率和管理质量的关键所在。推进高等教育管理创新，能正确处理传统管理与创新管理的关系。传统管理包括现行的基础管理，这永远是高等教育管理的重要内容，是高等教育管理创新的出发点。管理创新是高等教育基础管理的最终归宿，也即基础管理是高等教育管理创新的客观基础。而管理创新则丰富和扩大了基础管理的内容，从而对基础管理提出更高更严的要求，甚至规范其发展的方向，因为管理创新实际上是管理实践过程的产物，是社会历史发展的必然结果。

一是要明确高等教育管理与政府行政管理的根本区别，理解高等教育管理的特有内涵，掌握高等教育管理的一般规律，将高校教育功能重新定位，使高等教育适应社会政治、经济、文化发展需要。二是要树立服务意识，关心师生员工在情感与物质上的合理要求，全心全意为教学、科研做好"保障性"工作，实现高校内部不同要素之间的和谐发展。三

是要贯彻"人本主义"教育管理思想，坚持以人为尊、以人为重的人文主义价值取向，体现平等民主精神，尊重师生员工的个性差异、思想认识差异、生活方式与行为习惯差异。四是正确领悟高等教育管理工作的本质属性，营造生动活泼、积极向上、充满活力的大学校园环境，把管理育人、服务育人作为每个高等教育管理工作者的神圣职责。

要想推进高等教育管理创新，首先需积极进行高等教育管理理念的创新，高校必须将创新教育管理与培养创新人才作为办学的宗旨，以观念创新为导向，以制度创新为保障，以教学内容和教学方法改革为核心，以培养学生实践能力和创新精神为重点，坚持与时俱进，不断推进新高等教育管理的创新。高等教育管理的创新有赖于高等教育管理理念的创新，只有保持高等教育管理理念的先进性，时刻使其与时俱进，才能够为高等教育教学改革注入新的活力。

为此，高等院校在办学过程中，要明确办学指导思想，明确学校发展定位，强化自身办学特色，树立新的发展观念，确定新的教育思想，以此来推动高校教学的发展。在这一过程中，高校要紧密结合当前我国高等教育大众化的背景，结合学校的发展实际，围绕"办一所什么样的大学和怎样办好这所大学"这两大命题，明确今后的办学指导思想、学校定位、办学思路和人才培养模式，进一步强化学校的办学特色，实现高校的健康可持续发展。为了更好地适应我国市场经济和知识经济时代发展的需求，高等教育管理必须积极地进行教育管理理念的创新，树立发展的教育观，主动深入社会进行广泛、科学的调查，及时发现问题、解决问题，从而使高等教育在国家创新体系中起到应有的作用。

（二）坚持改革理念，有效推进高等教育管理制度的创新

长期以来，高等教育管理体制的局限性，使公众的高等教育需求得不到满足，高等教育管理创新的过程，实际上是依托新的教育方式（如远程网络教育等）、新的教育理念（如素质教育、终身教育等）满足公众高等教育的需求的过程。

　　高等教育管理的创新关键在于建立一套合适的、符合高等教育发展需求的教育管理制度。在这一过程中，高等教育管理工作者需通过分析总结，对教育管理工作中所遇到的各种情况、问题，积极地制定出新的教育管理制度，从而保证高等教育管理工作能够做到有据可循、有法可依。高等教育管理制度的创新不仅仅是实现教育管理现代化、法治化的重要标志，同时也是提高教育管理工作效率的重要手段。由此可见，要想推进高等教育管理的创新，首先要进行高等教育管理制度的创新。

　　高等教育管理体制创新是高校制度性改革的落脚点，是由传统高等教育管理模式向现代新型高等教育管理模式转变的根本性标志。高等教育管理制度的创新，需从以下几点入手：一是必须要坚持"以人为本"的理念，在此基础上制定出融"情、理、法"于一体的高等教育管理制度，设计充满智慧与扩张力的组织架构体系，形成具有以正确的价值观为核心的团队精神，创造既团结互助又适度竞争的工作氛围，建立有利于创新人才成长的、富有人性化的教育管理制度，在教学计划、课程安排、教学和考核方式等环节给教师以充分的自主权，以科学而灵活的教学评价指标检验教育教学工作，激励教师的教学创新和学生的学习创新。二是要摆脱计划经济时代遗留下来的政府行政管理机构设置模式和运行方式的束缚。按现代高等教育发展需要设置教育管理机构，确定运行方式。切实推动"党委领导、校长行政、教授治学、民主管理"的高校管理体制的建立和完善，保障专家学者在相关学术事务中的决策参与。根据目前我国高等教育所具备的特征，不断完善教育管理制度系统，并积极促使教育管理机构设置朝着科学化和高效化发展，坚持"洋为中用"，这是建立具有中国特色的高等教育管理创新模式之根本。三是要积极地完善高等教育管理的监督约束制度，只有具备了一套完善的、强有力的监督约束制度，才能够不断地规范高等教育管理行为，促使其进入制度化的轨道。结合本校办学实力和学生情况，定位学校发展方向和发展目标，按社会的人才需要确定人才培养总体规划，设计专业和课程，突出人才的培养特色。四是积极完善高等教育管理资源的优化配置，坚持"古为今用"，这是建立具有中国特色的高等教育管理创新模式之源。以制度创新为依托，将高等教育管理资源进行积极的调动、组织、协调，从而显著提高高等教育管理资源的配置效率，促使高等教育管理工作得以高效、高质地开展。五是建立更为高效、充满活力的教育管理机制，适当降低教育管理重心，发挥院系的管理主动性，实现学校教育管理体制创新和学校内部管理体制改革的有机融合。

对高等教育管理来说，发展到如今，实现依法治教、依法治校已经是必然的趋势，因此高度重视高等教育管理制度的创新、改革，是高等教育管理工作有效实施的保障，同时也是提高高等教育管理工作效率的重要保障。

（三）坚持管理方法创新，加大创新人才培养力度

要想实现教育管理方法的创新，首先要对目前实行的管理方法所具备的优势和不足进行分析总结；其次在结合教育系统的特点上，选择合理的现代社会管理技术加以调整之后，融入并应用到现代教育系统中。只有这样才能够实现教育管理方法的创新，为培养创新型人才提供有力的保障。

因此，只有始终坚持进行高等教育管理方法的创新，加大创新人才的培养力度，才能够为社会输送更多的具有较强的创新能力的人才。而有效实现高等教育管理方法的创新，需从以下几个方面入手：一是要对目前实行的管理方法进行综合分析。二是管理方法要结合实际的组织架构、制度和管理观念，使其相互融合，使之达到信息化时代的标准。例如网上招生，完全利用互联网，实现网上招生的计划，不但方便行政主管部门的监管和社会各界的监督，而且能够方便考生搜索查询，无论是在人力还是物力上，都能减少高校的招生成本支出。

很多新的教育管理方法都是在不断地对已有的管理方法进行创新和整合下产生的。例如，在 20 世纪 90 年代，西方发达国家为了加强培养学生的创新意识和能力，引进了教育全面质量管理，其核心是把学生在学校教育中视为主要消费者，不仅要尊重学生在学校教育中的权益，而且

要把学生放在管理体系中最为重要的位置，从而实现对学生进行创新意识和创新能力的培养。实践证明，项目管理和目标管理在教育管理的领域，同样是成效显著的管理方法。随着时间的推移，管理创新在高等教育的发展中作用凸显，只有不断地创新管理方法，才能保持高等教育的活力，不断地培养出具有创新意识和创新能力的人才。

高等教育管理方法必须与时俱进，以提高效率为主旨。一是在落实教育管理目标的过程中，更多地从教师和学生的角度出发思考问题，尊重师生员工在教育管理中的主体地位，采用灵活多变的方法和形式，调动学校全体成员的创造性和主观能动性。二是利用现代信息处理技术，构建基于互联网的教育管理信息平台，实现教育管理信息资源的共享，提高管理和服务工作的效率和水平。三是引入 ISO9001 质量管理体系，参照制定高等教育管理的各项目标要求，以高等教育管理的标准更好地服务于教师的教学科研和学生的成才创业，增强高校的适应力和竞争力。四是充分发挥工会组织在高等教育管理中的沟通与纽带作用，及时了解高校教职工的愿望和利益诉求，推动高等教育管理的民主化进程。

（四）创新人才培养模式

高等教育管理创新的最终目的是为社会培育更多优秀人才，人才培养模式创新是实现这一目的的最直接要素。一要根据社会对高素质人才的要求，从改善学生的知识和能力结构入手，在学科设置综合化、专业设置宽口径、课程设置实用化三个层面开展创新联动，为学生的未来职业发展构建更为优质的学习环境和教育平台。二要制定较为灵活的、弹性化的教学管理制度，落实学分制和选课制，使不同兴趣和特长的学生在选择专业、选修课程上有更大的自由度。三要改变重理论轻实践、重知识轻技能的教学弊端，强化学生动手实践能力、创新意识和创新能力的培养，重视学生的就业与创业教育，帮助学生顺利地完成社会化角色的转变，提高学生的社会适应性。四要完善涵盖学生思想品德、学习成绩、身心素质、个人特长等方面的考核评价机制，为学生的自我发展和社会的选人、用人提供科学的导向。

（五）结合新经济时代需求加强高等教育的管理创新

以科技为燃料、以创业精神和创新为动力的经济快速发展的时代，决定了我国高等教育管理创新的若干思路。在此情况下，论意义、谈利弊固然重要，但如何避险求强，通过管理创新推进我国高等教育事业发展才是重中之重。笔者认为，当今时代，我国高等教育管理创新应着重在以下几方面发力：

（1）管理创新，其最终表现应为管理适应性的提高。管理适应性的提高是管理有效的具体表现。新经济时代高等教育管理创新必须以提高适应性为根本目的，我国高等教育事业发展的道路选择、事业发展规划、办学理念的创新均要以此为前提与归宿。

（2）当今社会知识更新的速度很快，知识生长是一个变量，单靠传统的增加学时的方式，即用保持课程时数常量的办法来适应知识生长这一变量的要求将成为死结。因此，更新课程内容、突破课程时数的常规，以培养学生创新能力为目的的自助式活动课程和研究性课程以及各门课程中注重学生创新精神的培养将成为贯穿高等教育教学计划全过程的永恒法则。

（3）当今时代，高等学校师资队伍的建设与管理的目标、机制与模式都要创新。师资队伍的建设与管理从来就是高等教育管理的重要内容。当今时代使教师"传业、授道、解惑"的内涵更加广泛。笔者认为，当今时代的师资队伍管理必须引入现代人力资源管理理论，从更高的层次、更深的广度创新师资队伍管理的形式与内容。

二、高等教育管理具体创新路径

（一）以信息技术为依托的高等教育管理创新路径

随着我国高等教育改革的不断深入，各高校正处在快速发展的重大转型时期，高校教育管理在外部环境发生巨大变化的过程中要维持正常、良好的运行状态，就要求作为其组织性、协调性力量的教育管理做出相应的变革。在信息化时代到来之际，作为支持和服务教育事业的管理活动，其自身的现代化建设已成为摆在我们面前非常迫切的任务。

1. 信息化对高等教育管理创新的影响

随着信息技术革命的发展，计算机信息系统不仅作为信息的储存、加工处理与传输的工具，而且在建立科学的决策机制，优化资源配置和组织结构、提高人员素质等高校管理活动中扮演重要的角色。信息化给高等教育管理创新带来的独特优势和不可替代的作用，具体体现在以下方面：

（1）优化资源配置

高校管理工作中的教务、人事、科研等各个环节都需要采集、处理数据。在信息化时代，采集、处理一次数据，就能做到全校各部门共享数据资源。校园网可以提供所有网络服务，同时具有支持信息发布、MIS系统、图书情报系统、视频会议、网络教学平台等功能。计算机信息网络已经实现无纸化办公，通过使用新信息技术手段，不仅能够节省大量的人力、物力，而且可以全面提高工作质量和工作效率。

（2）改善组织结构

现行高校的组织结构一般以金字塔形为主，容易造成组织结构分工过细、管理幅度过小，从而造成组织层次重叠，降低工作效率。在信息化时代，信息的使用价值大大提高，组织结构呈扁平化趋势，增强组织活力是必要而可行的。采用扁平的组织结构，取消一些中间层，相关部处合署办公，决策层和执行层之间的信息传递会更快捷，从而加大管理幅度和力度；管理部门之间通过信息传递交互，保证了政令畅通。尤其对于当前我国一些合并的高校，其校区分布较分散，更加需要利用信息化的优势来强化管理、提高效益，以达到实质性融合的目的。

（3）促进领导决策的科学化

教育管理信息系统通过网络能够及时、准确地为领导提供大量的基础数据。通过实施办公自动化系统，在网上设立"领导参阅"栏目，可以在第一时间，快速准确地反映学校发生的各种事件及国内外的相关信息，既可以采用权限设置的方法防止泄密，又可以使校领导能够迅速做出批示，及时处理有关问题。同时，工作人员还可以根据决策的需要进行各种信息的采集工作，通过统计、分析和处理数据，为校领导提供决策依据。

（4）推进校务公开

招生就业信息、财务收费标准、物质采购招标、人才引进、教学组织、会议通知、重大活动安排、校领导接待日等事项，凡不涉及学校保密性质和影响稳定的校务均可在校园网上公开，这样可以加强信息沟通，明确工作程序，增强办事透明度，达到强化监督的目的。既使行政管理的权力使用置于广大群众的监督之下，又可以实现对内部管理的严格控制，养成严谨务实的工作作风。

（5）提高管理人员的素质

信息化时代使计算机管理和教育管理工作紧密结合在一起，对管理人员产生极大的冲击。随着计算机技术在高校管理中更加广泛、深入地应用，管理人员自身计算机操作水平不断提高，管理观念也会逐渐转变，自身的管理能力也会相应提高。

2. 信息化时代高等教育管理创新的内涵

信息化时代的高等教育管理创新，是以信息技术的软硬件为技术基础，以高校现行管理为依托进行的一项综合的系统工程。高校适应信息化时代的创新是多维的，主要包括管理思想和理念的创新、管理组织形式的创新、管理人才资源创新以及管理办法的创新等多方面的内容。从管理的职能上看，在决策、组织、控制和协调诸方面都有所创新；从管理的过程来看，计划、实施、检查、总结等环节都应创新；从高校每个特定的管理岗位和所涉及的管理事务来看，都有可能在其工作范围内存在创新。

（1）管理观念创新

管理观念的创新是所有创新的前提。观念的创新需要一个由量变到质变的认识过程。教育信息中的理论性信息就是观念创新的催化剂，也可以说高教改革深化正是通过信息的作用，首先在人们头脑中起步的。它既是一种创新的管理思想，又是一种倡导管理创新的思想，强调知识和数据的共享，运用集体的智慧提高应变和创新能力。高校利用信息，但不是机械照搬或简单模仿，而是将这些信息分类整理、消化吸收，吸取各校的精华，达到观点上的质变，结合学校实际创造自己的特色模式，做到全局在胸、融汇百家、独树一帜。

（2）组织形式创新

随着信息技术的发展，高校自身组织结构呈现出扁平化趋势。一些高校实行院系目标管理责任制和经费总额动态包干，充分放权，降低了管理重心，调动了院系办学积极性，取得了较好的效果。正是纵横交错的信息渠道使得扁平化组织结构成为可能，大大促进了高等教育对社会、对市场的反应速度和应变能力。

（3）管理制度创新

管理的技术化与信息化呼唤新的管理模式和领导风格。信息化时代的管理是一种围绕工作目标进行的信息交流和目标管理，这种交流活动使管理系统和技术系统真正合二为一，这必将对管理者的素质提出新的要求，同时带动管理人员的结构发生变化。在信息化时代，一些高校管理人员人数偏多并且素质偏低的不足就暴露无遗，主要表现为缺乏活力、人浮于事，整个学校活力不足。只有在管理制度上创新，减员增效，充分调动管理人员的积极性，高等教育发展才能适应信息化时代的要求。

（4）管理方法的创新

管理方法是使管理工作落在实处的重要环节。因此，一定要对现行的管理方法进行充分分析，根据创新的管理观念、组织结构和制度对管理方法进行整合和创新，使之符合信息化时代的要求。如网上招录新生，各高校足不出户，便可完成招生任务，一是便于教育行政主管部门监控，二是可以主动接受社会各界监督和方便考生查询，三是为高校节省了大量的人力、物力和财力。

3.信息化时代实现高等教育管理创新的途径

信息化时代实现高等教育管理创新直接体现在推进教育管理信息化的进程中，其信息化的推进过程就是其内涵不断深化和充分表现的过程。

（1）建立配套的信息化管理投入机制

高等教育管理信息化既是持续、完整的发展过程，又是需要分阶段、分步骤加以实施的动态管理过程，其投入也应该是持续的。这就要求我们为迎接信息化时代的到来，建立相对稳定的投入机制。首先，高校要有计划地增加信息化管理的资金的增量投入，要根据管理工作的实际需要，装备好高速打印机、扫描仪、数码相机等先进设备，为信息的快速采集、深层次处理加工奠定基础。此外，高校要加大对优秀管理人才的资金投入，创造良好的环境和氛围，以吸引高素质人员从事管理工作。两者结合，才能促进高等学校自身的持续稳定发展，不断提升信息化管理水平，这也是促进高校管理创新进程的动力源之一。

（2）健全 CIO（Chief Information Office）负责的管理机制

将学校内部体制改革与信息化建设联系起来，有计划、有步骤地推行管理创新，选拔一批有创新意识的人才进入管理队伍。尤其要在各领导层设立具有创新意识的信息主管（CIO）：在校领导中有明确的主管教育信息化的 CIO，各级部门中有主管计算机和信息的 CIO，同时还要建立一支稳定的信息队伍。目前，校园网络延伸到校园的每个角落、学校的各个单位和学校的各个方面，信息的构成也随之升级，信息管理的及时性、准确性、有效性，就必须有 CIO 体系来保证。只有健全了 CIO 管理机制，才能有意识地从高等教育管理的角度收集、分析和处理信息，并直接应用到学校的管理决策中，使 CIO 的作用由技术管理型转向战略决策型。

（3）建立灵活的管理协调机制

高等教育管理创新过程中，其管理目标、手段、方法都处于不断变革之中，这就要求其管理系统善于自我协调、自我完善，并随时整合自身内部结构，使其保持高效、活跃的状态。管理创新的协调包括以下几个方面：一是多目标协调，要善于抓住重点，相互协调。二是内部机构的协调，包括校、院（系）两级管理机构之间的垂直协调，也包括领导者与执行者之间、领导机构与执行机构之间的协调。通过这样的协调，使管理系统上下之间、相互之间构成一个完整的系统，从而提高管理的效率。

（4）创新信息管理系统的设计思路

以往的信息管理系统的设计思路主要是以实现某些功能为主线，实际是用网络将多个单机简单地串联起来。在实际管理过程中，我们的管理不是集中于某一局部，而是从上至下全局地考虑问题，使整个流程连贯起来，信息才能够畅通地上传下达。为更好地将高校的理念、角色和办学目标融入支持在线决策的信息系统中，需要结合学校的整体规划和实际情况，规范管理流程，使信息管理系统在管理决策中起到重要作用。

（5）完善信息服务手段

在信息化时代，学校各管理部门是信息资源的主要拥有者，也是主要提供者，学校的各种公共信息资源、教学资源、管理资源等不应只是为学校或某一部门所拥有，而应向学校师生员工、社会各界提供完备的数据库和检索系统等信息服务。因此，要将学校的各类信息进行采集和加工处理、规划，最后将其数字化，以更好地向外界提供共享资源。

（二）以学生为本理念下高等教育管理创新路径

当前，中国高等教育事业飞速发展，取得了举世瞩目的成就。然而，新形势对高等教育管理提出了新的更高要求，使其面临严峻挑战，如政治色彩较浓厚、功利主义倾向严重、产业化趋势明显等弊端亟须改变。因此，必须牢固树立笃信真理的信仰，营造崇尚真善美的学术氛围，培育会学习的良好风尚，推动以知识人性为核心的高等教育管理模式的构建。

1. 以人为本视域下高等教育管理本质的反思

高等教育是指在完成中等教育的基础上进行专业教育，其主要有研究型大学、教学研究型大学、教学型本科院校、高等专科学校和高等职业学校五种类型。近年来，我国高等教育管理改革取得了重大进展。多种形式办学的新格局基本形成，多渠道筹资机制不断健全，高等学校入学考试改革稳步推进，高校内部管理体制改革不断深化。面对瞬息万变的国内外形势，加快树立以人为本的办学理念，弄清高等教育管理的本质，具有十分重要的意义。

一是有助于实现高等教育管理求真的目标。高等教育组织的本质，就是高等教育管理的目标。高等教育组织是学术性组织，其特征主要有知识性、艰深性、复杂性、继承性等。这几个特征皆与学术密切相关，因而高等教育组织的本性概括起来就是学术性。学术以求真为目的，求真是叩问和证实客观世界的本质。求真是学术行为的品德要求，是善的基础，有利于实现真善美的统一。高等教育管理的基础是学术性组织，而学术性组织的目标是求真。基于此逻辑，高等教育管理的目标亦是求真。

二是有助于体现高等教育促进人性发展的本质。教育的本质是育人，是为了培养人的扩展自由和实现发展的能力，是为了促进人的全面发展，而不能片面强调其社会职能。鉴于此，高等教育管理要以服务于人性塑造为目的，即培养人、教育人和改造人，其与普通管理大为不同。高等教育管理的本质在于充分发挥人的潜能，发掘人的价值，建构与发展完备人性。总之，高等院校的主旋律是育人和培养高级专门人才，不是制造"高档器材"。高等教育管理的本质，就是要发展完备人性，促进人的全面发展。

2. 当前我国高等教育管理面临的困境

（1）行政化色彩较浓厚

目前，我国高等教育行政化色彩浓厚，即把高校当作行政机构，片面夸大教育的行政管理功能。观察现实，高校的协调和运转过程中，占据支配地位的是行政权力。这集中表现为：一是高度集中的决策。各种权力决策集中于校级行政部门，院级只有名义上的权力。二是惯于采用行政指令的方法。

高校自主性欠缺，对知识、学术和教师的重视不够，师生处于被动执行和服从状态。高等教育政治化，其实质是把教育异化成为现实、政治和政策服务，以致教育非人化，违背了人性的发展要求。

（2）功利主义倾向严重

当前高等教育存在功利主义倾向，即把人当作工具，片面强调外在价值，追求即时、显性功效，忽视人的本体价值、长期效益。这主要表现为：一是教育过程简单化倾向。理论上，把教育简单化为只服务于社会发展，使其成为偏离主体的文凭和学历教育；实践上，把教育简单化为技术性的知识传授过程。二是教育活动的跟风化倾向。部分高校追求时髦风，如学校升格、大建学院和大造楼宇等。一些高校关系风盛行，对学生区别对待，不能保证评优、评奖的公平性。三是高校管理的形式化。部分高校过于重视定量化、程式化、模式化管理，片面强调形式的教育管理，限制师生参与高校管理的热情。

（3）产业化趋势越来越明显

高等教育能否产业化，理论界一直争论不已。但是过度的产业化趋势，必然会使高等教育迷失方向。一是盲目追逐名人效应。近年来，不少高校纷纷聘请明星兼职教授，如南开大学聘请唐国强、北京大学聘请成龙等。这在一定程度上使纯粹的大学精神受到挑战和质疑。二是一味迎合市场导向。当前，不少人提出高校要根据"市场"情况，及时设置"家用电器维修、家庭教师、服装设计及剪裁专业"等。这些专业可以设置在职业院校，硬要将其纳入高等教育，不能不令人担忧。总之，高等教育应保持自身独立性，而不应以拉动经济为本质属性。纵观世界各国，尚未有发达国家把高等教育视为创收产业，其历史使命就是育人。

3.构建以知识人性为核心的高等教育管理模式

（1）牢固树立笃信真理的信仰

高等教育管理的对象主要是知识人，知识人的活动须以服从真理为标准，因此，高等教育管理要以笃信真理为信仰追求。一是从科学观到道德观的升华。真理是科学活动的追求终点，而科学的求真活动会内化为人的道德素养，这种素质又会成为求知道路上的推动力。二是弘扬务实精神。"尚真"表明了如何对待学习和知识的问题，而"务实"是从观念向行动转变。蔡元培就是尚真务实的典范，提出了"思想自由、兼容并包"的办学理念。三是生命与真理并存。知识人的使命就是要追求、发现和捍卫真理，即生命与真理同在。要在学习中追求真理，在实践中发现真理，形成创造性思维。

（2）营造崇尚真善美的学术氛围

我国著名哲学家冯友兰指出："'真'是对一句话说的，'善'是对一种行为说的，'美'是对一种形象说的。"一是对真理的执着精神：坚持排除一切干扰、澄清谬误、不怕曲折，坚持探究真理、发现真知、献身科学，把对真理的崇敬之情内化为人们的内在行为品格。二是待人接物的道德标准：要做到真心诚意、孝悌仁慈、忠诚有义，坚持自律慎独、敬业乐群、齐家爱国、贵生重物，把"善"固化为稳定心理和行为倾向，养成道德自律能力。

（3）培育善于学习的良好风尚

会学习是时代发展和知识人发展的必然要求。主要表现为：主动探索性和发现式学习，体验和思考式学习，个体性和灵活化学习，终身性和非连续性学习，等等。

一是树立终身和自主学习理念。要转变观念，培育永恒学习的精神，使学习成为终身的行为习惯。保持积极、能动的学习心态，发掘自身学习潜能，增强自主学习能力。二是创新学习方式。"学会"只是基本目标，学习的高级阶段则是"会学"。要强化创新性学习思维，不断掌握最新知识，提高创造新知识的能力，培养更多的新时代"知识劳动者"。三是充分利用现代信息和传播技术。要创新学习手段，高效获取信息，甄别信息，独立提出问题，创造性地运用信息，以科学的思维方式解决问题。

（三）社会资本引导下高等教育管理的创新路径

近年来，社会资本理论已被学界拿来研究政治学、管理学、社会学、教育学等诸多领域的热点难点问题，取得了独特而有效的成果。那么，将社会资本引入高等教育管理领域又将取得怎样的效果呢？社会资本作为一种社会资源，在高等教育管理过程中将发挥怎样的作用呢？对高等教育管理的创新又有哪些启示呢？

1.高等教育管理领域社会资本的引入

社会资本理论是20世纪80年代以来逐渐发展起来的一种新的分析途径。作为一种备受关注的分析工具，其强大的解释力充斥在社会的方方面面，也为人们提供了一种新的认识教育、认识高等教育机构的研究视角。目前，社会资本的研究有两个取向：一个是"个体取向"（或微观层次）的研究；另一个是"群体或社会取向"（或宏观层次）的研究。"个体取向"的社会资本理论研究强调存在于个体层面的社会资本及其作用，如布迪厄、科尔曼等都将社会资本理解为一种个人通过自己拥有的社会关系网络而获得的可以利用的资源。"群体或社会取向"的社会资本理论研究强调存在于群体或社会层面的社会资本及其作用，着重分析特定的群体或社会如何发展一定的社会资本作为公共物品以及这种公共物品怎样才有利于群体或社会的生存与发展。如普特南这样界定社会资本："社会资本指的是社会组织的特征，例如信任、规范和网络，它们能够通过推动协调的行动来提高社会的效率。"可见从社会资本组织层面的定义出发，对贯穿高等教育中的信任、互惠规范及关系网络等社会资本进行研究，结合高等教育管理的特点，可以有针对性地解决现阶段高等教育管理中存在的一些问题，寻求全新的创新路径。

社会资本之所以可以适用性地引入到高等教育管理领域，与高等教育管理的性质是密不可分的。从高等教育管理的主体来看，国家或者说政府是第一位的，是处于主动地位的，高等教育机构是处于被动地位的，社会或市场则或处于主动地位或处于被动地位的与高等教育机构发生关系。高等教育机构正是通过与这些主体发生直接或间接关系嵌入到这些主体的运行过程中。这种嵌入性是一种内外相结合的交叉，而不是简单地镶嵌在这些主体中的各种组织上。在交叉的过程中，高等教育机构势必会存在自身组织与其他社会组织、企业组织等的信任的交换，互惠规范的统一，合作共处网络的构建，社会资本在高等教育机构的管理行动中发挥作用。从高等教育管理的客体来看，高等教育机构作为一种组织，本身就包含公立性高等教育机构以及私人营利性高等教育机构，完全可以看作是一个有机的系统。这个系统的有效运行靠的是系统内部各部分功能的有效发挥与彼此的相互配合，社会资本作为组织的一种性质和特征将不可避免参与这种协作的过程，从而推动这种协调行动，促进整个系统的高效率运行。由此可见，在高等教育管理过程中为了增进目的性行动的效果，主客体间、客体内部会在微观交换中通过互动获取社会资本，而这种同质性或异质性的互动都是在整个高等教育管理系统的约束之下进行的。嵌入在社会网中的高等教育管理资源与规范增强了高等教育管理行动的效果。所以，高等教育管理领域的社会资本对高等教育管理具有非常关键的作用，从社会资本视角来分析高等教育管理，对于发现高等教育管理存在的问题、提高管理质量有很大的帮助。

2. 社会资本引导下高等教育管理的创新探讨

（1）寻求高等教育管理主体间的信任契合路径

从中国高等教育机构周围的信任来看，主要包括政治信任、社会信任与内部信任。政治信任来源于国家政府与管理机构之间，是一种权威性信任。这种权威性信任对高等教育管理有着极其重要的作用，信任度高，政府愿意放权，而且是心甘情愿地赋予性放权，高等教育的管理就有更多的机会多元化、自主化，在未来的发展道路上也才能针对高等教育管理的现实性问题发挥自发力量；信任度低，政府宁愿独揽大权，也不舍得将实质性的权力下放给其他管理主体，这样一来，政府不是独权，更不是霸权，而是出于对高等教育管理的一种担心，担心权力无能，与其浪费权力不如掌握在自己手中，这时，政府的越权倒是情理之中了。所以，要想真正地构建政治信任，高等教育管理能力是关键。社会信任存在于高等教育机构嵌入到社会的这一过程中，不管是社会组织也好，企业组织也罢，其与高等教育机构发生关系都是通过信任渠道进行的。社会与市场为高等教育管理的成果提供机会和平台，高等教育管理为社会与市场提供人才与技术。可见，这是一种互利性的信任。内部信任是指高等教育管理内部高校与高校之间，高校教师之间、师生之间，人与机制之间等的信任。这种信任是一种微观的信任，在高等教育管理内部发挥着极其重要的作用，是高等教育统一协调发展的关键。所以，高等教育管理不仅仅是教育管理、学校管理，从深层面来看更是一种信任管理，要想真正发挥高等教育管理的优势，必须有效管理这些信任。在高等教育管理创新的道路上，要坚持走一条以政治信任为引导、内部信任为主体、社会信任为补充的信任之路，有效搭建信任桥梁，最大限度寻求来自这三个方面的信任的契合，从而从根本上找到现阶段走出高等教育管理困境的有效之路。

（2）推崇高等教育管理体制的互惠规范路径

要真正从实处创新中国的高等教育管理，必须从外部入手寻找突破口，也就是从高等教育机构的外部约束力量与合作力量着手。从宏观上分析，中国高等教育管理的外部约束因素主要是政府的政策法规，包括国内与国外，主要是国内的。而合作力量则处于社会与市场之中，具有非常强大的生命力。如何在这种约束性框架之下，最大限度地利用合作力量是高等教育管理体制完善与优化的关键。推动互惠规范机制便是一种非常有效的方法。在与政府的关系处理上，可以使高等教育机构与政府部门建立合作互通关系，政府为高等教育的管理提供限制性资源，促进、指导、引领其发展，高等教育机构则通过利用这些限制性资源为政府培养一些特定的人才，将这种互惠机制常态化。一旦这种常态化的机制建立起来，政府将不再怀疑高等教育管理机构，而将其管理发展情况作为自己的一个"形式性"机构予以关注与支持，从而形成高等教育机构的一种无形资源，促进高等教育管理的完善。在与社会、市场的合作上，互惠规范则显得更加重要，一种制度化体制化的"约定"比简单的"礼尚往来"更来得有效。将高等教育管理的效果与社会发展、市场繁荣密切联系在一起，不是只靠一种自然规律在潜移默化地发挥作用就可以完成的，要强化这种关系，要从硬性的规范上给予保证。

（3）构建高等教育的网络治理路径

经过一百多年的发展，中国的高等教育管理已经发展到以政府权威为中心、大学自治以及各种社会组织和公众民主参与的阶段。这样一种管理模式折射出多元主体共同参与的网络式治理结构、相互合作与互动协商的对话式伙伴关系、权力共享与责任分担的公共责任机制理念以及追求高等教育和谐发展的目标。要想充分调动多元主体的积极性，保持多元权力的良性互动，推进高等教育管理秩序的良好运行，应从政府、大学和社会三个层面来建构高等教育治理架构。所以，未来中国高等教育的管理应以政府、高等教育机构、社会等多元主体为结点，构建立体式教育网络，将高等教育机构置于一个完善而丰富的社会资源网之中。在这个网络之中，政府处在一个宏观管理、充分放权的地位，社会以及市场处在一个合作管理与高等教育机构创造双赢的位置，而高等教育机构应该穿插在政府、社会与市场之中，通过人才交流、教育合作编织更多的教育关系网，丰富教育资源，在与多元主体的互动中更加高效地实现高等教育管理的目标。相信对中国高等教育特有社会资本的探讨，将为高等教育管理的创新注入鲜活的思想，提供独特的视角。

（四）全球化时代高等教育管理的创新路径

为适应全球化的要求，中国高等教育管理的创新应该遵循四大方略。

1. 确立"以人为本""和而不同"的高等教育管理理念

尊重人的主体地位、促进人的发展是全球化时代各国高等教育的共同追求。中国高等教育管理要适应这一发展要求，必须实现管理理念的创新。

一是要确立"以人为本"的管理理念。坚持"以人为本"，前提是落实"以生为本"，重点是抓好"以师为先"。"以生为本"就是要把学生看成高校的生存之本和发展之本，真正树立"一切为了学生，为了一切学生，为了学生的一切"的办学观念；就是要在管理中把促进学生的和谐发展作为一切教育活动的出发点和教育改革的立足点。在这一观念的支配下确定有利于学生发展的培养目标，建立适应学生共性与个性和谐发展的课程体系，构建多样化、有特色的人才培养模式，形成有利于学生主动参与的管理制度，建设以生为主、师生平等、教学自由的校园文化等。促进学生和谐发展的主体是教师，"以师为先"就是要认识到教师的劳动与价值，充分发挥教师的智慧和才能；就是要尊重教师的学术自由，突出教师学术权力在高校的主导地位，提高教师参与学校管理的积极性与可能性；就是要关心教师的工作和生活，提高他们的福利待遇，关心他们的前途与发展，为他们提供施展才华的机会与条件。

二是要确立"和而不同"的管理理念。所谓"和"就是以开放平和的态度对待国外的管理理念和方法,辩证分析其优势和缺点,有针对性地借鉴吸收其对中国高等教育管理水平提高有促进作用的部分,实现中西管理的优势互补和交流融通;所谓"不同",就是在学习他人的同时不能失去自我,要在"立足本土"的基础上"拥抱世界",博采众国之长,结合中国国情,开创具有中国特色的高等教育管理之路。例如效率为本的管理理念,强调管理过程的科学化和标准化,对克服中国传统高等教育管理主观随意性强的缺点具有现实意义;人本主义管理理念强调个体的自主发展,强调个人对组织决策的参与,对消除中国传统高等教育管理重集体目标轻个体目标的缺陷具有重要启示;后现代教育思潮下的多元整合管理理念,强调对话、理解、交流、解释等在管理中的作用,对化解中国传统高等教育管理中集中有余、民主不足的困局也具有指导作用。同样,中国悠久文化中也蕴藏着丰富的管理智慧,值得在新形势下发扬光大。如"以德为先,以德治国"的管理思想强调道德感化,价值引导,在当前功利主义泛滥的管理现状中更彰显其现代价值;"以和为贵,中庸为道"的管理智慧对处于内、外部环境复杂多变的高校实现自我和谐仍然具有深刻的启示意义。

2. 建构"宏观调控""自主灵活"的高等教育管理体制

要适应全球化的激烈竞争,中国高等教育管理体制要进一步理顺中央政府、地方政府、高校和社会四个行为主体之间的关系。

一是要求中央政府和地方政府进一步转变职能。从中央政府看,需进一步加强科学管理,完善宏观调控,也就是调控的方式要从直接调控管理转变为间接调控管理;管理的手段要由行政干预、计划命令转为统筹管理、政策指导、组织协调、信息服务与评估监督;调控的内容主要是发展规划的制定、经费预算与统筹、教育机构的设置、各类证书与学位标准的制定、质量标准的监控等。从地方政府看,需进一步转化角色意识,强化统筹行为,提高统筹效能。随着高等教育管理体制改革的深化,地方政府已获得了较大的地方高等教育统筹权,但不能仅仅是把高校管理主体由中央变成地方，而是要从过去的"执行"角色转换为切实承担"统筹"重任的角色，优化高等教育资源配置，协调地方高等教育与地方社会经济发展的关系。

二是要落实高校法人地位，使之真正成为自主灵活的办学实体。应借鉴西方的契约理论和委托代理理论，构建政府与高校的契约关系，从法律和制度上增强和明确高校在人事管理、机构设置、学科专业设置等方面的自主权，同时引导各类高校依法制定学校章程，依据章程进行自主管理。此外要通过各种改革不断增强高校适应社会的主动性、灵活性与高效性。如通过改革考试和招生制度，健全自我选择机制；通过提高教学质量，健全自我发展机制。通过加强内部管理体制改革，健全自我激励与约束机制。要发挥社会中介组织作为政府与高校之间关系缓冲器的作用，鼓励各类教育中介组织参与高等教育的质量评估与监督，健全社会参治机制。

3. 完善"刚柔相济""内通外联"的高等教育管理制度

"刚柔相济"即严格的管理制度与宽松的管理氛围相结合。高等教育管理必须有健全的制度体系。

大学制度体系建设应着力于三个层面。在核心制度上，通过理顺大学与政府、社会的关系，使自主管理、学术管理的理念落到实处；在一般制度上，通过健全学术民主管理的组织机制，改革现行权力分配结构，强化大学运行中的学术权力；在具体制度上，建立既有分工又有协作、责任明确的大学法人制度、组织人事制度、教育与科研制度、学科建设与学术保障等制度。同时必须明确，加强制度建设不是为了约束人、管制人，而是要通过制度来解放人的思想、引导人的行为、激发人的潜能。因此在各项制度中要充分体现人文精神，制度制定要充分发扬民主，真正反映民意，制度执行要让大家心情舒畅。总之，以和谐的理念与方法关心人、激励人，使管理人格化、弹性化。

"内通外联"即国内相关管理部门在制度设计上要协调沟通，同时能与国际上的相关制度联通对接。

一方面要做好"内通"，就是涉及高等教育国际合作事务的教育、商务、外汇、外交、出入境管理等各个部门，在修订、完善各自的相关管理法规和制度时，要加强协调沟通，避免法规和制度的相互冲突。另一方面做好"外联"，就是要在维护国家教育主权的前提下，根据高等教育参与全球竞争的需要，结合国际通行原则，对《中华人民共和国教育法》、《中华人民共和国高等教育法》、《中华人民共和国教师法》、《中华人民共和国民办教育促进法》和《中外合作办学条例》等相关法规、条例进行修订、完善并出台具体配套的实施办法；同时要依据国际高等教育协调组织的相关规定和标准，抓紧高等教育具体管理制度的建设，如修订学位制度以及制定境外高等教育机构来华办学资质认定标准、教学质量评估标准、学分认证与换算标准等，以实现中国高等教育法规和管理制度与国际的有效接轨。

4. 创建"信息共享""高效透明"的高等教育网络化管理模式

一是要尽快创建和完善"信息共享"的网络平台。主要对策有三点：首先要落实规划。《中国教育信息化十年发展规划（2011—2020年）》已对中国教育管理的信息化建设做出了总体部署，当前重在落实。其次要统一标准。各信息收集统计责任单位要认真执行教育信息化标准，保证数据的口径、信息编码格式等方面的标准统一，以有利于信息共享和提高信息资源使用效率。最后要对接国际。一方面要尽快加入国际高等教育质量保证机构网络和亚太地区质量保障网络组织，获取境外高等教育机构的办学资质、教学质量等真实信息，及时向公众发布，为国内高校开展跨境高等教育合作，同时为学生留学申请或选择其他境外高等教育交流与合作项目提供准确及时的信息参考；另一方面要将国内高等教育的真实办学情况、人才培养特色、科研水平、政策环境等信息通过国际或区域组织的权威网络平台向世界发布，以展示中国高等教育的发展成就，加深世界对中国高等教育的了解，吸引更多国外高水平大学与中国高校开展合作，吸引更多的优秀学生到中国大学留学或参加各项交流活动。

二是要利用现代网络技术改造传统管理模式并完善高等教育信息公

开制度，实现"高效透明"。所谓"高效"，就是利用现代网络技术推进高等教育管理和服务流程再造，除加强信息网站建设外，还应利用微博、微信等新兴网络工具，让公众能够随时随地获取相关信息。所谓"透明"，即打造"阳光管理"，推进管理的民主化和透明化。一方面要完善高等教育信息公开制度，制订实施细则，对相关信息的公开范围、决定权、期限、法律责任等做出详细的可操作的规定；另一方面要加强对高等教育信息公开的监督和激励，将信息公开工作列为高校评估的重要内容，督促教育管理部门和高校切实履行"公开为原则，不公开为例外"的要求，除了确属于国家秘密依法不予公开的信息之外，涉及高等教育招生办学资质、教师评聘、专业设置、教学质量、学生奖助学金、学生就业等方面的数据等信息都尽量详细公开。

第四章　高校教育教学的策略与实践

第一节　高校教育教学课程

一、创新课程理念，加强课程的人本性建设

当今时代是充满竞争的时代，核心的竞争是人才的竞争。人才的成长主要靠教育，教育在人类生活中的重要性也越来越被人们所了解。1993年，中共中央、国务院在《中国教育改革和发展纲要》中指出："当今世界政治风云变幻，国际竞争日趋激烈，科学技术发展迅速。世界范围的经济竞争、综合国力竞争，实际上是科学技术的竞争和民族素质的竞争。从这个意义上说，谁掌握了 21 世纪的教育，谁就能在 21 世纪的国际竞争中处于战略主动地位。"

教育应该把人的发展放在第一位。21 世纪，整个社会所需要的人才是智慧型、复合型、创造型的人才，要求培养高素质、高能力、高水平的人才和数以亿计的一般人才，而不是单纯的传统的知识型人才。美国著名未来教育学家沙恩指出："我们的学生在未来要经历两次大浪潮，即微电子技术浪潮和信息预测浪潮，以信息为依据的预测和智慧，将变得比知道如何获得信息更为重要。"所以说，智慧比知识更为重要。21 世纪的人才应该具有合理的知识结构和充分的智能，具有创新精神和创新能力、事业心、开拓精神和合作精神，具有高尚的人格和优秀的个性品质。

21世纪，人的发展是最为重要的，课程理念应该改变，把人（学生和教师）的发展提到核心地位予以认识和宣扬，树立"人本理念""人的发展"代替以前的"学科本位""知识本位"的提法，应强调学习过程中的"态度"、"价值观"、"兴趣和经验"以及"实践能力"等。

课程的发展变革应该为教育目的服务。高校课程理念、课程体系价值取向应该以人的发展需要为基础，要建立新的课程体制，统一、单调、固定的课程设置为灵活多样的、既有理论又有实践的课程。在课程中，要坚持以人为本，并充分利用多媒体进行形象化教学，要从强调内容向强调过程转变，从强调积累知识向强调发现、重视创造、发展能力、形成素质转变。以学生的发展为本，培养创新精神和实践能力为课程理念是时代的要求。加强课程的人本性，建设以人为本的课程体系具体可以从以下方面入手。

（一）符合人的认知规律，重视知识的逻辑顺序和层次结构

教育的目的性和计划性首先体现在课程的设置和编排之中。课程设置和编排的基础，是对知识结构的规划和设计。因为，人的发展的各个方面，都是以"知"为起点的，智力、能力、技能、技巧也好，情感、兴趣、态度、动机、意志也好，理想、信念、道德和审美观也好，都离不开"知"，都要从"知"开始。科学的世界观的形成，更离不开知识和经验，离不开一个人对客观世界和人的主观世界的系统认识。课程的设计和编排就是要着眼于形成学生的某种知识结构，以此作为学生全面发展的知识基础。

按照认知心理学家的看法，认知结构是由知识内化而形成的。它不是简单地记忆和接受的结果，是经过了思维的创造性加工改造，并形成了相应的智力技能、操作技能和行为习惯。那么，教材要选取什么材料才能塑造学生的合理的结构呢？奥苏贝尔认为，首先必须找出那些决定学科基本结构的"强有力的观念"，确定学科中特定的组织和解释性原理。用布鲁纳的话说，就是要重视学科的基本结构。

课程设计中之所以要强调学科的基本结构，是由于学科基本结构对于学生的学习具有特殊的心理学意义。第一，掌握学科的基本结构有利于

学生理解学科的内容。在新的学习情境中，通过由一般概念原理到具体内容的演绎性教学模式获取新知识比归纳获取新知识要省时、省力。学生认知结构中一旦有概括水平高于新知识的原有固定观念，新观念和新信息的获取与保持才最有成效。第二，掌握学科的基本结构有助于学生记忆的保持与检索。人类记忆的主要任务不在于贮存而在于检索。只有把一个个材料放进"构造得很好的模式"里，材料才能因得到简化而拥有"再生"的特征，学生一旦掌握了学科的基本概念，就能简化信息，减轻记忆负担，并产生新命题，推演出大量新知识。第三，掌握学科的基本结构有利于学习的迁移。学科的观念越是基本，几乎归结为定义，则这些观念对新问题的适用性就越广，越有利于后续学习。

确定学科的基本结构，必须考虑学生的学习准备。这一方面是知识的准备，更重要的是认知发展的准备，即由一般认识成熟程度决定的学生从事新的学习和一定范围的智力活动所应具备的认知功能的基本发展水平。

布鲁纳虽然宣称可以将任何事物以适当的方式教给任何年龄阶段的任何人，但他同时也十分重视学习的准备。他认为，如果过早地将不适当的知识结构教给学生，超越了他们认知发展的水平，学生的认知结构就会"闭合"，反而不利于他们今后获得更适当的学科知识结构。因此，课程的选择和编排既要符合教学规律，又要体现大学生身心发展特征，即按照一定的程序将完整的知识提供给学生以保证教学的系统性和循序性，又按大学生的年龄特征来筛选课程以保证学习的量力性和可塑性。学科内容的体系是学生学习该门课程的逻辑线索，应以有关科学的体系为基础，处理好课程关系的"四个性"：①理顺课程的承续性（先行或后续课程）；②注意课程内容的过渡性；③重视课程结构的整体性；④实现关键课程的不断线。同时，教学是特殊的认识过程，教学规律必须符合学生的认知规律。古人言"欲速则不达"，课程偏多或偏少、过难或过易、"吃不了"或"吃不饱"，均会影响学生的发展，从而达不到教育的目的。大学生属于"中晚期青少年"，身心发展趋于成熟但尚未成熟，具备了掌握系统科学知识的充分条件，且可塑性强。因此，课程设置的起点要适当，台阶要小，每学期课程门数要安排适当，不宜过多，主要理论课的门数和时间不要过分集中，要给学生自学和独立思考留出足够的时间和空间。

（二）符合人的个性发展规律，设计个性化培养的课程体系

课程设计的实质是设计学生的学习活动，其最终目标是促进学生个性和谐而充分的发展。在学校教育中，学生个性发展的全面性取决于学生学习活动类型的完整性。课程设计要实现其最终目标，就必须遵循功能完备原则，即将人类活动的各种基本类型完整地纳入学生的学习活动体系，以促进学生个性的整体发展。

高校教育的课程设计，既要遵循这一原则，也要和自己的专业教育相适应，如何将自己的学科、专业范围内的知识结构展现给学生，让学生根据自己的特长爱好选择自己的发展方向，是个性化培养的一个前提。

个性化课程组织强调个别发展，以学生的需要、兴趣和目的来进行课程的组织。它有两个特征：一是以个别学生而不是以内容为其组织的线索；二是不预先计划，而是随教师和学生一起进行教学任务（常常称为"生长"）而演化形成的。这种组织主要有以下三个特征。

第一，课程结构由学习者的兴趣和需要来决定。这意味着是学习者自己直接感觉到需要和兴趣，而不是由设计者来考虑学生需要什么或他们的兴趣应当是什么。

第二，只有当教师和学生一起确定追求的目标，规定查阅的资料、计划实施的活动以及安排评定的程序时，课程组织才会形成。

第三，把重点放在所学习问题的解决过程中。追求兴趣的过程中，碰到某些必须解决的困难和障碍构成真正的、学生渴望接受挑战的问题。

这种课程培养学生的个别差异，强调的是解决问题的活动，我国高校教育的课程改革，曾经有过"产品带教学"的经历，但这种形式绝不是个性化教学的形式。要探索个性化教学的新模式，也不能照搬上述的组织形式，因为它已被国外教育实践证明是失败的，但是这种思想是值得借鉴的，摆在高校教育课程设计者面前的问题是如何利用这一思想来设

计出符合大学生学习特征的个性化课程。这既是高校教育课程改革中的问题，也是改革的方向、奋斗的目标。

（三）符合人的社会发展特征来组织课程

在高校教育过程中，人是高校教育实施的对象。大学生的发展包括身心两方面的发展，它受遗传和环境两大因素的制约，高校教育作为一哥特殊的环境因素，在人的身心发展中起着主导作用。高校教育活动主要就是指培养和发展一个人全部潜能的过程，即把一个人在体力、智力、情绪、道德等各方面的因素综合起来，使他成为一个具有良好素质，在某些方面具备特长，身心得到全面发展的人。高校教育要达到其目的并体现其功能和价值，其活动就必须遵循受教育者——大学生的身心发展特征和德智体美等全面发展要求来进行。根据大学生的智力、体力及个性发展的水平和特点，结合大学生的个性差异，使大学生获得更多、更广的知识的同时，更要全面培养大学生的思维能力和独立地获取知识的能力，培养他们科学的世界观、方法论及崇高的理想和信念，使他们坚持社会主义的正确方向。

课程应该引导学生认识社会。社会如同一面多棱镜，不同的视角有不同的结果，社会的发展是动态的，不同的发展时期有不同的特征。高校教育要引导学生去正确认识、把握这些特征。教育学生懂得科技化知识是远远不够的，社会需要全面发展的人才，如理工科大学生不仅需要科学素养、工程素养，还需要人文素养。理工科人才面对具体的工程项目，考虑的不能仅是技术问题，还必须考虑到社会多方面的因素，进行价值判断。在做可行性报告时，要考虑到特定的地理人文经济因素。产品设计不仅要经济实用，而且要满足人的审美情趣和心理特征（建筑设计还要考虑到历史文化因素）。理工科学生还应具备社会责任心，能够想到他们所从事的工作对自然、对社会的影响，并由此做出正确的判断。这对课程构成提出了要求，不仅要开设科学课程，还要开设工程课程、文化课程。

课程应该引导学生适应社会。社会的发展不以个人意志为转移，课程的变化、发展要与之相适应。课程的设置既要保证各自的学科性，还要有相当的灵活性，如现阶段，开设创业教育课。另外，要重视建设适应性课程，适应性课程的特点就是课程本身具有适应变化的能力，采纳以未来为导向的动态的学习材料，取代传统课程中以过去为指向的静态的学习材料。

有学者提出适应性课程体系由配套的四部分组成：数据书、阅读书、核心课本、教师参考书。适应性课程不仅有助于保持课程的相对稳定性，使学生形成一定的思想方法，同时其灵活的组织方式和对学生的独立探究过程的强调也有助于随时纳入新的信息与材料，向新思想、新观点开放，从而促使学生在掌握文化发展规律的基础上了解历史，立足现实，适应社会。

课程应该引导学生融入社会。高校课程在加强学生专业基础理论课程教学的同时，必须根据社会发展、科技进步、生产方式变革的动向，或让学生深入社会和生产部门，以丰富社会经验，学习并应用实际知识，或让学生通过自主的科研活动加深与实践的结合。理论与实践的关系在不同的专业会有不同的要求。理、工、农、医各专业要获得实验、实习、计算机应用、绘图和某些必要的工艺及有关现代技术的训练；文科类专业要获得阅读、写作、资料积累、文献检索、调查研究、使用工具书等方面的训练；艺体类专业、师范类专业要加强专业技能的实践训练。因此，从某种意义上说，在大学教育中，理论课程是引导学生向学科纵深发展的基础，实践课程则是引导学生融入社会的敲门砖。

二、创新高校教育课程理论体系的研究与构建

（一）高校教育课程理论研究现状

对我国高校教育课程建设状态的研究，不同的学者有不同的观点。王伟廉教授从课程研究的角度叙述了课程研究的历程，他将我国高校课程研究划分为四个阶段。第一个阶段是从 20 世纪 50 年代中期调整到 20 世纪 60 年代中期，基本上是以经验指导教学工作的，此段称为"经验主导

阶段"。从 1978 年到 20 世纪 80 年代末，是高校课程和教学理论发展的第二阶段。开始把高校课程与教学作为一个独立的领域进行探索。这一阶段也开始了对教育思想、专业设置、课程编制以及课程与教学评价等前一阶段比较忽视的方面进行了研究。虽然研究成果比较零星，但反映出我国高教界已开始对课程研究领域具有了"自我意识"，可以称之为"理论探索阶段"。从 20 世纪 80 年代末到 1997 年，是我国高校课程与教学领域研究的第三阶段。这一阶段产生出一批比较系统的专著和文献。其中有些专著对这一领域的基本理论和研究范畴进行了总结，并逐步建立起了这一领域的有关理论的系统。可以认为，这一阶段是高校课程研究领域的"理论初建阶段"。1997 年以后为第四阶段。其他学者也有不同的分法，但事实依据基本相似。

多年来，对高校课程理论的研究主要表现在三方面：一是专业设置研究如何进行专业设置，或怎样的专业设置才是健全有效的？曾昭伦认为，按国家建设需要，确定专业的设置，并以专业为基础做有计划的招生。每种专业，各有一套具体的教学计划。各个专业的教学计划中，所列各种课程都是必修，没有一样是选修科目。有论者总结了专业教育的两种模式及其发展趋势：通才模式和专才教育模式。通才模式专业设置在第二层（相当于二级学科），甚至在第一层次上，其下一般不再设第三层次的专业，口径较大。培养的人才缺乏职业性针对性，但有广泛的适应性。专才模式专业主要设在第三层次上，口径较窄，一般都与具体的分支学科、职业和产品对口，培养的是现成专家。二是课程体系问题无论是专业教学计划的编写，还是教学大纲、课程内容的处理，核心问题都是要研究出合理的结构，课程体系主要集中的问题为基础课程与专业课程的关系以及必修与选修课程的关系。三是课程综合化问题，指出课程综合化的内涵，也指出了课程综合化的成因。

（二）高校教育课程理论体系的研究与构建

在课程界，对课程理论的研究及理论体系的建立是一项长期而艰苦的工作，因为不同的哲学思想会导致不同的课程理论。在课程史上，曾有以泰勒为代表的科学课程理论（也称理性课程理论），以施瓦布为代表的自然主义课程理论和以后现代思想为主导的激进课程理论以及解释学课程理论、审美的课程理论等，但从没有某种理论能有"一统天下"之功效，这种百家争鸣的局面似乎表明课程理论尚未成熟。

在高校教育界，人们关心课程理论的进展，但更关注课程理论对应用研究的作用，即如何用这些已有理论来指导高校教育课程理论或课程体系的建立，脱离纯理论研究的羁绊，一般认为大学课程理论体系是由多个方面的内容组成的。它包括培养目标与规格的变化、课程政策的调整、课程结构的构建、课程建设标准的制订、课程资源的开发与利用、评价体系的建立、教师教育及制度创新等，它是一个由课程建设所牵动的整个高校教育的全面建设，是一个系统，需要教育行政部门、科研机构、高校（其中教师是最为关键的因素）等的共同参与和完成。它牵涉高校教育整体和各个局部的关键领域，受到课程内部和外部、宏观与微观等多方面因素的制约，其成功与否取决于诸多因素本身的质量水平及其构成。

课程是为培养目标服务的，课程建设必须服从于培养目标。因此，对培养目标的研究与解释，应该是课程理论建设中不可忽视的问题。但是，由于培养目标一般是由学校（或学科、专业）制订，它充满了个性色彩，不宜一概而论，但是对人才的规格问题，在我国高教界都充满了共性。中华人民共和国成立后，本科教育主要是以专才为其培养规格。人们现在普遍对过去的专才目标持批评态度，但并未形而上学地完全否定，只是强调要在通才教育的基础上进行专业教育或通才教育要与专业教育相结合。如陈岱孙认为，我们的高等院校所培养的人才，应该是在广厚的知识基础上具有专深研究能力的人才。杨志坚认为，要在通才教育的基础上进行专才教育。李曼丽认为，要去除高校教育过分专业化的弊端，就应该在高等本科教育中实行通识教育和专业教育相结合的教育模式。值得注意的是，自20世纪90年代中期以后，不少高等学校在考虑本科教育培养目标定位问题时，都极力回避使用"通才"或"专才"概念，更多地提介于两者之间的复合型人才概念。

　　课程政策是指国家教育行政主管部门在一定社会秩序和教育范围内，为了调整课程权力的不同需要，调控课程运行的目标和方式而制定的行动纲领和准则。它的重点在于解决"由谁决定我们的课程"或者课程权力的分配问题。它的构成要素主要有三个：第一，课程政策目标，它是课程政策三大要素中最重要的要素，反映政策的方向、目的和所要解决的课程问题。第二，课程政策载体（手段和工具），这是三大要素中的主体，它有保证实现课程目的的作用。第三，课程政策主体，它是课程政策的制定者和执行者。国家课程政策制定就要考虑课程政策目标是什么，目前的形势是什么，什么样的课程政策才更能促进学生的发展？课程政策载体各有什么？并且随着时代的进步，课程政策也要相应变化。

　　对课程设置和课程结构方面的理论研究，是课程实践者的期待，也是当前比较薄弱的环节，我国高校教育的课程建设总体结构缺乏科学、合理的理论指导，课程间、学科间缺乏有机的融合，课程比例结构有待合理的论证，与课程目标、培养目标的对应也不是很好的。当前人们的研究多数集中在应用层面上，而且发现了一些现象，如重工程科学，轻工程实践。重专业，轻综合；重知识，轻能力，理工科院校都非常注重科学理论的教学，实践教学方面不是很强，重点强调学好专业，不注重培养学生的综合能力。注意了课程内容的专业性，忽视了课程的综合性，注意了课程的科学性，忽视了课程的技术性。但是，这些现象在理论层面上表现出的是什么问题，应该用怎样的理论指导来防止这些问题，这正是当前缺乏的和需要研究的问题。目前，我国课程结构基本上是单一的学科课程，普遍存在着重视学科课程，忽视活动课程；重视必修课程，忽视选修课程；重视分科课程，忽视综合课程的现象。这些现象反映出在课程结构研究上理论的匮乏，这些问题都需要课程理论工作者进行不断研究，重新构建一个科学、合理的课程体系。

　　课程建设标准的制定，课程建设的目的是提高课程质量。一门课程的质量是受教师的教学水平和学术水平、教学环境和条件、教学方法及效果等诸种因素制约的。进行课程建设，就必须对影响课程教学质量的各个环节提出一定的要求，这就是课程建设的标准。课程建设的标准可以从以下几方面加以考虑：第一，师资队伍。教师是课程教学的组织者与实施者，教师的素质决定着课程的教学质量。因此，课程的师资配备从数量上必须达到一定的要求，一门课程应配备两位以上的教师。也就是说，至少有两位教师能讲授该门课程，足够数量的教师可形成梯队，相互促进，有利于开展科学研究、教学改革等。第二，教学条件。教学文件完备、配套，大纲能明确本课程的性质及其在专业教学计划中的地位和作用，阐明本课程的教学目的、基本内容、教学的重点和难点，说明各章节的联系及本课程与先行课、后继课的衔接，合理安排各个教学环节，反映本学科的新成果，能体现培养目标对本门课程的要求。第三，教学方面。每门课程应有相应的教学研究组织，具有健全的管理制度，教学档案齐全，对教学研究、学术交流、师资培训等都能做到有计划、有措施、有总结；严格执行教师考核制度；重视本门课程教学质量的检查；注意经常听取学生的意见，不断改进教学工作。

高校课程理论体系建设是一个系统工程，除了上述方面外，还应包括课程评价、教师教育及制度创新等，包括广阔的研究范围和多种多样的研究内容。这里，我们仅提出课程理论建设的几个方面和课程理论或实践中的问题，以表明课程理论建设的重要性和必要性。真正的课程理论体系建设工作，应该是一项任重道远的工作，还有待课程工作者今后的不懈努力。

三、重视学科课程开发的研究与实践

尽管学科课程已经有悠久的历史，人们已经积累了成熟的经验，但是随着科技的发展和人们认识的深化，学科课程的设计仍然需要不断改进。在初等教育中，一门课基本代表一个学科，但在高等教育中（专业教育），代表一个学科的课程则是一组课程或者一个课程群。本书所要讨论的，正是学科课程在高等教育课程中的特殊表现。

（一）学科课程应具有开放性，以形成并容纳跨学科课程

面对当前学科知识既高度分化又高度综合，交叉学科不断涌现，社会需求多样变化的新形势，以培养专才为目的，以专、深为特点的旧的大学课程体系已经无法适应新的挑战。当下的课程体系必须克服以往课程体系的弱点，在课程组合上，一方面要强化基础理论课程，增大学科知识中那些较稳定、持久部分的比重，使这些基础的知识成为学生构建其认知结构的平台，为学生的终身学习和进一步的深入研究打下牢固的理论基础。另一方面，要淡化学科壁垒，有意横向延伸，向边缘学科或跨学科方向发展。如在设置公共基础课、学科基础课和专业基础课的基础之上，多设置一些综合性、边缘性交叉学科甚至跨学科的选修课程，以适应高等教育培养目标多元化以及多元经济时代的多样化要求，帮助学生了解现代科学技术的最新动向，迅速接近科学前沿，造就出适应未来需要的高素质人才。

另外，可以尝试开设跨学科课。跨学科课是为了扩展学生知识面而设立的跨专业、跨学科的课程。它的出现是与科学的飞速发展和学科的快速分化息息相关的，为适应现代科学技术和社会发展的需要，必须开设边缘学科、交叉学科等跨学科课程，以利于大学生的知识在专业化基础上向综合化方向发展。

（二）学科课程要注重综合性，以利于人的全面发展

在今天这样的社会里，假如一个人的知识面狭窄单一，他的学问再深，也难成大器。为了适应社会要求，高等教育已经确立了多元化的培养目标。因此，必须采用设立综合性课程的办法来解除一些专业相互隔离的状况。而这种综合，并不是拼盘式的集合，而是符合教育基本规律，具有必然逻辑联系的课程设置上的优化组合。这种文理工课程的相互渗透、相互交叉的形式，不仅可以拓宽学生的视野，有效培养其思维能力，促进学生的全面发展，还能实现自然科学与社会科学、科学教育与人文教育的整合，并促使许多跨学科领域的研究和新学科群的出现。

（三）学科课程设置要具有前瞻性，以利于知识的创新

在科技日新月异的当今时代，高等学校课程的编制必须把握时代的脉搏，预测本学科未来的发展方向，使这些课程中不仅包含前人所积累的知识和经验，还能反映本学科发展的现状和趋势。这就要求我们必须改变过去统一、刻板的教学计划，建立起动态发展的课程体系，在课程体系中留出一定的空间，充分调动教师和学生的积极性，发挥他们的主观能动性，鼓励他们积极探索、勇于创新，使我们的课程不仅具有知识性和系统性，还具有国际视野，尝试开设国际化课程并处于动态发展之中。其实，目前世界上的许多国家都特别重视课程内容的更新，都积极地把科技文化的新成就吸纳到高校课程中，并开设了一些代表未来社会科学发展方向的课程。这充分地显示了当代课程改革的一个重要方向——前瞻性。

（四）课程开设要具有国际视野，尝试开设国际化课程

发达国家的高等教育对此早有觉醒，如美国的哈佛大学和耶鲁大学都声称要造就具有全球意识的人才，而麻省理工学院也声称要培养领导世界潮流的工程人才。所有这些都表明，人们已充分认识到只有突破文化差异的障碍，才能真正地吸收人类文明的优秀成果。

21世纪是信息化的世纪，是人才竞争激烈的世纪，高等教育面向世界是由经济的日益国际化决定的，国际竞争将是全方位的，其背后是国际教育的竞争，实质是较强应变性和适应性人才的竞争。这一发展趋势也对高校教育培养的人才质量提出了更高的要求。因此，我们对高等教育的课程设置必须具有国际视野和全球意识，体现国际精神。我们应该教育高校学生，使他们认识到要在世界舞台上占有一席之地，高校就应开设一些与国际联系密切的课程，如外语、国际关系、国际文化、国际管理、国际科技、国际信息与市场信息，使学生能够通晓国际知识，具有全人类的视野，适应高度科技化的世界。

第二节　高校教育教学评价

一、高校教育教学评价理论发展的哲学基础

邱均平教授曾说过："没有科学的评价，就没有科学的管理；没有科学的评价，就没有科学的决策。"现在，这一科学论断已基本上成为一种社会共识。尽管如此，评价活动仍然受到来自社会的质疑和批判。因此，如何正确地看待评价、科学地开展评价、合理地利用评价，已成为社会各界关注的重要课题。我们生活在一个评价的世界里，任何人都离不开评价，都与评价息息相关。我们随时随地都在评价周围的人、事、物，同时也随时随地都在接受各种各样的评价。在学习、工作、生活中，任何人或组织都面临着各种选择，即做出决定和决策，而在做出决定和决策之前，需要对其对象进行了解和认识，还要根据自己的价值观念和行为准则对其进行判断和审视，这就是一个评价过程。我们随时随地都在进行着各种选择和决策，因此也随时随地都在进行着各种评价。

我们生活的世界是一个复杂的社会系统，包含众多的评价标准、准则和观念。其中，政策、文化、制度、法律、法规等合在一起形成庞大、复杂的都是教学评价标准和评价系统，谁也无法完全脱离这个评价系统而生存。因此，事物的评价都被置于一定的评价系统和网络中接受被评价，并按照评价系统的要求行事，否则就会受到排斥和惩罚。

面对如此丰富和复杂的评价活动，我们应该采取客观的态度，科学地认识，合理地选择，这样才能做到科学的评价。科学的评价活动自产生之日起，发展非常迅速，受到全社会的高度关注和普遍重视。大致经历了从原始评价或本能评价到社会评价或大众评价，再到综合评价或系统评价三个不同阶段。随着评价活动科学化程度的日益提高，相关理论和方法逐步成熟，出现了从定性评价向定量评价以及定性与定量相结合的综合评价模式转变。

二、多学科视角的评价研究

哲学领域的学者对评价进行了大量的研究，成为评价学的重要理论来源之一。价值、认识与评价问题的研究在西方哲学研究中起步较早、时间较长，形成了不同的研究思路和派别。而我国的研究虽然起步较晚，但也产生了丰富的研究成果。心理学视角的研究以英国哲学家艾耶尔等人为代表。他们认为，价值存于评价之中，它是一种心理现象或情感现象，而评价就是情感的流露和表达。因此，他们主要研究评价的情感因素，研究情感判断及其自明性。语言学视角的研究主要是从语言学的角度来分析"伦理句子""价值句子"，认为这样就可以把握和揭示价值的本质、评价的本质。这种研究充分关注评价的表达形式。价值论视角的研究把人的活动看作是把握价值、创造价值和实现价值过程的各种不同表现，它对认知与评价做出实质性的区分，亦即认知从属于评价，这是一种对评价的非认知意义的研究。研究者们认为，价值与评价紧密相连，价值决定评价，评价揭示价值。没有价值现象就没有评价活动，没有评价活动，价值就无法认识和体现。我们通常所说的价值，都是被意识到、认识到的价值。在评价之前或之外，价值只是作为一种客观的、潜在的形式而存在着。

评价是一种价值认识和价值判断行为，即"价值评价"。评价过程是对评价对象的掌握过程，是一种认识行为。因此，认识与评价密切相关，认识活动（包括事实认识和价值认识）是评价活动的基础。科学评价就是在事实认识和价值认识的基础上对评价对象与评价主体的价值和意义所做的合理判断，即了解、认识、确定和判断评价对象对评价主体有无价值及价值量的大小。

科学评价是准确、全面、系统认识事物的一种有效方法，它是在事实认识和科学认识的基础上对评价对象进行价值判断的活动（价值评价、评估或评定），本质上是一个价值判断过程，同时它也是一种特殊的认识活动，即价值认识活动。因此，价值理论和认识理论是教学评价的理论基础，是构成评价理论集合体的重要理论来源。

三、教育评价理念

教学评价的理念是指评价主体的教育理念在教育活动价值判断中的表现，亦是价值主体对教育评价的认识及在此基础上所确定的价值与行为取向。影响教学的主要理念有以下三种。

（一）终身教育的理念

教育是一种特殊的培养人的社会实践活动，教育实践活动的主体和客体都是具有能动性的人，这是现代教育理论公认的结论。现代人生活的过程就是教育和受教育的过程，学习和教育是贯穿现代人一生的重要特征，这是终身教育思想教育的过程。

对我国而言，终身教育并不是一个全新的观念。我国古代大思想家、教育家孔子曾说，"吾十有五而志于学，三十而立，四十而不惑，七十而从心所欲，不逾矩"（《论语·为政》），因为"人非生而知之"，而在于终身努力学习，"发愤忘食，乐以忘忧，不知老之将至"（《论语·述而》）。孔子主张"学而不厌"的思想已流传千古，日本终身教育理论研究者认为，孔子是东方"发现和论述终身教育必要性的先驱者"。庄子也述及终身教育的必要性："吾生也有涯，而知也无涯。"这可以说是我国古代最早的"活到老，学到老"的关于终身教育思想的萌芽。

从现代知识经济社会发展的要求和个体自身发展的需要，每个人都必须终身学习和终身接受教育。终身教育无论是作为一种思想理念还是教育实践，它正在经历从满足个人或社会对教育的转向的应急需要，转变为适应个人或社会对教育价值的多向取向的长远需要；从被动地选择教育转变为自觉地追求教育的发展过程。这是一个长期的过程，也是现代终身教育体系形成并走向成熟的必经之路。

（二）"三全一多"的理念

"三全"是指全过程、全方位、全员性，"一多"是指多样化。全过程是指贯穿于教学的全过程；全方位是指与人才培养有关的所有工作的质量，或者说是指全校的各个系统、各个部门、各个单位的工作都直接或间接地围绕教学这一总目标而工作；全员性是指各个部门、各个单位的全体教职员工都要参与其中。任何一种质量管理最终都要落实到人，要以人为本，调动每一个人的积极性和创造性，并要强化团队精神，加强凝聚力和合作力。学校每一个系统的每一个员工的工作质量都将影响人才培养的质量，每一个工作岗位都要参与到教育教学质量管理工作中来，把学校制定的人才培养质量目标层层分解，落实到各部门、各环节，直到每个岗位，建立各种规范标准，让全体员工都参与到质量管理的过程中。

（三）"以人为本"的理念

"以人为本"的教育理念作为一种教育哲学观，是高校的教育理念和素质教育观的实质所在，只有从这个根本点上去理解和把握它的精神实质，才能在教育评估工作中更好地体现评估为教育服务的宗旨。马克思主义认为，人首先是一个自然存在物，具有自然属性。但是人不是自然存在物，更重要的是人也是社会存在物，具有社会属性。因此，人的本质是一切社会关系的总和。此外，人还是有意识的，具有精神属性。宋代著名思想家朱熹说："大学者，大人之学也。"这里的"大人"指的就是成熟的社会人，能担负重大责任的人；在对学校的重大事项做出决策时，都要"以培养人才为中心"。因此，教学评价或评估，要贯彻"以人为本"的教育理念，重在培养高质量、高素质人才的教学过程和教育成果上。

四、高校教学评价系统的要素理论

按照系统论的观点，系统是由多种要素相互联系、相互作用而形成的有机体。关于教学评价系统的构成要素主要有"三要素说""四要素说""多要素"。"三要素说"认为评价系统是由评价者、评价对象和评价手段三个基本要素构成的，教学评价主体一般由政府、学校构成，评价对象主要是教师和学生，评价手段采用评价表进行量化评价。另外，还包括非基本要素，如评价目的、结果等。"四要素说"认为评价系统是由评价主体系统、评价客体系统、评价目标系统和评价参照系统四个子系统构成的。无论是"三要素说"还是"四要素说"，它们所包含的内容和思想都是基本相似的。

一个完整教学评价系统应是由评价客体（对象）和评价中介或评价手段（包括评价方法、评价技术、评价工具、评价指标体系、评价模型、评价程序、评价信息、评价法规制度等）多个相互联系、相互作用的要素或子系统组成的社会系统。

高校教学评价主要构成要素一般包括政府、公众、学校、教师、学生、中介机构等，是一个多因素的综合体。从外部视角开展的宏观监控和管理的教学评价主体主要以政府、公众、中介机构为主体；而内部质量评价则以学校、教师、学生等为主体。高校的教学质量评价工作也主要分为两种类型——对教学主体的评价和学生课堂检测效果的评价。由于高校教育的专业性较强，学科纵横交叉，高校职能综合性等诸多特性，教学评价的复杂程度成为社会活动中最难精确化和量化的部分。高校教学评价产生于高校教育自身发展的需要，是高校对教学工作理性反思的重要手段。

评价内容包括办学效益和效度方面，概括起来包括：①办学条件和办学设备的效用。办学条件、设备是教学活动运行的基础。良好的办学条件、优良的设备是高质量教学生成的前提保障。对条件和效益的评价目的，一方面在于促进学校和管理部门加大教学软硬件投入，提高资源利用率；另一方面，不断改善办学条件和教学设施，充分发挥办学条件的可能性效用、实性效用。②学校教学运行机制的效率。运行机制是高校教育教学实施过程的依托，包括教学管理的机构体系、职能体系、人员体系、制度体系，对教学运行机制进行评价，能提升计划教学，执行计划对于教学改革措施的运作效率，教学管理制度能促进教学发展的效率。③学校人才培养模式的效果。人才培养模式是资源配置的方式、教学条件组合的形式和教学手段运用的总和，是一所高校教育教学思想和观念最为集中、最为典型的表征。评价学校人才培养模式，主要是评价这种模式在实践中实施的效果。④办学传统与特色的效应。办学传统和特色是高校教育教学的灵魂和基石，决定学校办学的品位、层次和特点，是学校的优势所在。学校的办学传统和特色以效应的形态让人们感受和意识，对它评价的同时就是对它效应的评价。

五、教学评价过程的非制度因素

制度是保障活动有序开展的重要手段，而非制度因素对人类一切活动的结果也都将产生积极或消极作用。在教学评价活动中，评价参与者的职业道德、思想、意识等非制度因素一样，也会影响制度执行效果。

（一）在活动初始阶段，由于参与身份的不同，呈现不同的心理需要

1. 角色心理

人们在社会活动中会由于担负着一定的角色而形成一种角色心理。评价者在教学评价活动中往往以显示其身份、专门知识、品质、爱好和特长来要求评价对象，如果这种要求与评价指标、标准相一致，就能对评价起积极作用；如果超出评价指标的要求，就可能影响评价的客观性。例如，在设计评价方案时，评价者容易从其职业、兴趣、特长出发，表现出不同的价值取向。最明显的是学科专家、教育理论专家往往偏重方案的理论依据和科学性，而实际工作者则倾向于方案的可行性和实践性。

2. 心理定式

这是由一定的心理活动所形成的常规、模式化的心理状态。在评价准备工作中，个人往往按各自心理来表达其意见，从而影响评价方案的客观性和创新性。

3. 时尚效应

这是指对新颖、时髦事物或观点追求的心理现象。在追求时尚中，顺从社会潮流，接受多数人热衷的思想或观点，影响评价的正确方向。

（二）在评价实施阶段评价者的复杂心理活动会因个体差异导致不同结果取向

1. 首因效应

首因效应也称第一印象效应，指的是评价者因对评价对象的最先印象比较强烈，便在其后的评价过程中，总是"先入为主"地左右自己的评

价思维，从而影响对评价对象的正确评价。

2.近因效应

近因效应指的是最近获得的信息对认知产生的强烈影响。因为，个体对新近获得的信息往往感觉最新鲜、最清晰，其作用往往会冲淡过去获得的印象。这种近期效应会影响对评价对象全面的、正确的评价。

3.晕轮效应

晕轮效应又称光环效应，它是评价者因对评价对象的某些特征产生强烈或深刻印象，且会弥散到其他方面，形成"总体印象"。

4.参照效应

参照效应又称对比效应，它是评价者对一些评价对象的强烈印象会影响对其他评价对象的判断。

5.理想效应

理想效应又称求全效应，它是指评价者总是以对评价对象所持有的完美先期印象，来衡量评价对象的现实行为表现。

6.趋中效应

趋中效应是指某些评价者在评价时避免使用极值（最大值、最小值），大多取中间分值或中间等级，如较好、一般等。

（三）在评价结果处理阶段，参与评价主体的心理倾向同样会导致结果的偏差

1.类群效应

评价者和评价对象属于同一类别或同一类群体，如同行、同事、同学等，有较强的相互理解、认知基础，容易产生效应关系。

2.亲疏效应

亲疏关系会使评价带有较多的情感因素，产生亲疏效应。对亲近者容易看到长处，给予偏高的评价。而对疏远者则容易看到缺点，给予不适当的评价。

3.从众心理

研究表明，从众心理和从众行为的产生取决于情境因素和个体因素。

从众心理也是评价者的一种保护心理。

4. 威望效应

威望效应是评价小组内有威望者的态度对他人观点的形成所产生的显著影响。威望者可能是学术方面的权威，也可能是权力方面的权威。

5. 本位心理

本位心理是指评价者坚持本部门（本专业领域）的利益和价值观的心理倾向。评价小组成员来自不同部门，在评优或进行综合评价时，各方代表强调本部门的优势或成果，这种心理影响评价的客观性和公正性，甚至还会影响评价内部的团结和合作。

6. 模式效应

模式效应也是一种心理作用，即评价者依据对评价对象群既有的印象（经验模式）来进行对评价对象现实教学的价值判断。

六、高校教育教学评价的应用创新实践

从近几年的评估实践来看，现行的评估方案对于促进学校的教学工作、提高教育质量发挥了比较好的作用。在充分肯定教学评估取得成绩的同时，我们也认识到，在我国开展大规模的高校教学评估还是第一次，实践中还存在许许多多的问题或不足。用一个评估方案评估所有的学校本身确实有针对性不强的问题，有待完善。另外，有的评估指标设计可操作性较差，导致专家在考察评估过程中难以准确把握。总之，根据不同层次和类型的高等学校的特点，制订不同的评估方案，以加强分类指导是当务之急。高校教育评价体系应该建立一套适合这种院校发展的评价机制，鼓励其找到自身发展的位置和方向。

高等学校教学质量主要是指在高等学校教育活动中的人才培养质量。高等学校为了满足社会和个人发展需要，设置教育教学目标并采取一系列措施保证目标的实现。院校教学工作评估属于水平评估，与研究型高校的咨询评估和高职高专院校的合格评估有本质的区别，因此科学合理地设置教学型院校教学质量评价指标体系很重要。从国内外文献中可以

梳理出各类高校本科教学质量的诸多关键因素，如教学理念、办学定位、本科教学水平评估、教学质量内部监控体系、教学与科研的结合、教师发展与教师队伍建设、招生方式和生源质量、学风、课程建设、人才培养模式、学科建设、教育方法改革、教学管理、教学设施和条件、国际化等。这些因素或虚或实，影响作用有大有小，有的是直接影响，有的是间接影响，需要我们抓住影响教学型院校教学质量的主要因素，从而设置关键性的评价指标。如果说研究型高校要力争构建探索型的教育，这种探索精神把高校的教学和科研结合起来，使教学应该表现出较强的科学研究的特色，高校要紧紧围绕教学这个核心展开。影响高校的主要因素可以考虑以下几个方面：办学定位和办学特色、人才培养目标与计划、师资队伍与教学水平、教学条件与利用、专业建设与教学改革、教学管理与服务、学生的学习、教学效果等。

七、评价指标体系构建

从以下七个方面对学校教学质量进行具体的评价：办学指导思想、师资队伍、教学条件与利用、专业建设与教学改革、教学管理、学风、教学效果，再加上特色项目，这是一级指标，再分成19项二级指标和44个观测点。

参照对院校教学质量的主要影响因素的分析来设计院校教学质量评估指标体系。

第一，办学定位与特色。①学校的办学定位与思路。学校的方向选择、角色定位，是学校制订发展规划、方针政策和拟定各项制度的理论依据，关系着学校在教育系统中的地位与作用。②办学特色。在长期办学过程中积淀而成的、本校特有的，优于其他学校的独特优质风貌。③学校与社会的联系。

第二，人才培养。①培养目标。受教育者所要达到的质量要求和专业规格。②培养计划。人才培养工作总体设计的具体体现，是安排教学内容、组织教学活动及实现人才培养目标的基本依据。

第三，师资队伍。①队伍结构。专任教师结构状态、师生比、硕士博士学位比例。②师资培养。教学业务培训、技能培训、学术交流、教学质量、主讲教师教学水平、质量评价状况、教师风范。

第四，教学条件与利用。①教学基本设施。校舍、实验室实习基地、图书馆、校园网和运动设施状况。②教学经费。四项经费的增长情况。③条件利用情况。教学设施和教学经费的利用效率。

第五，专业与课程。①专业建设。学校专业结构与布局、专业教学质量、新办专业情况。②课程建设。教学内容与课程体系建设、教材建设与选用，教学方法与改革手段。③实践教学。实习实训、实践教学内容与体系、综合性设计性实验。

第六，教学管理与质量保障。①管理队伍。结构与素质、管理研究成果与实践效果。②质量控制。规章制度建设和执行情况、各教学环节的质量标准、教学质量监控体系的运行形成与运行情况。③服务状况。教学管理人员对师生的服务能力和水平、校园环境和文化氛围、对学生学习的支持程度、学生遵纪的程度。

第七，教学效果。①学风。守法情况、学风建设情况、学习积极主动学习的状态。②学习能力与素质。学生学习经验积累、自我教育与自我学习水平、团队精神与合作能力、思想品德修养与文化心理素质。③基本理论与基本技能。基本理论知识的水平、基本实践技能水平、创新精神和实践能力。④毕业设计（论文）状况。毕业设计（论文）的质量。

第八，社会声望。①招生与就业情况。招生生源状况与新生素质状况、毕业生当年就业率与就业状况。②社会评价与资助情况。社会对学校办学状态和毕业生质量的评价、社会企业与各界人士对学校事业和困难学生的支持与资助状况。

八、评价的创新与趋势

我国目前是世界上规模第一的高校教育大国，高校教育发展的重点已经从扩大规模转向提高质量。提高人才，特别是创新人才培养水平的要求变得日益迫切。我们要建设高校教育强国，就必须有较高的入学率、有竞争力的质量和完善的制度体系。今后建高等院校教学评价的趋势有以下特点：

（一）统一性与多样性并重

高校治理的国际新趋势是在扩大高校自主权的同时，强化问责机制，加强对高校的质量与绩效评估。我国教育部今后仍将扎实推进由高校教育评估中心组织的高校教学评估工作。在高校多样化背景下，我国将实施分层与分类评估，在评估中注重高校办学特色。如将高校分为研究型、教学型、高职高专、民办学院四类，或按归属性质和层次分为省属重点高校、普通本科院校、民办学院等。同时，在评估的参与上将形成政府、学校、用人单位、专业团体与社会人士、中介机构等广泛参与，形成高教质量保障的共识。在评估的类型上，综合评估、机构评估与学科专业（专题）评估相结合。在评估的性质上，比较性评估与发展性评估并重，前者侧重于鉴定等级；后者侧重于发现问题，找出差距，改进教学。

（二）校外保障体系与校内保障体系结合

内部质量保障体系是高校教育质量保障体系的主体和基础，外部保障体系是社会监督。内部评估（自我评估）与外部评估相结合，加强问责制是各国高教质量保障的共同趋势。高校评估强调外部评估与自我评估相结合，建立了制度化的高校自我评估制度，有明确的要求和指标，如自评报告要公布，强调高校自评要突出办学特色、个性特征。欧洲各国几乎都建立了高教评估机构，制定《欧洲高校教育区质量保障标准与指南》，适用于博洛尼亚进程参加国的所有高校，内容包括高校的内部与外部质量保障，评估的目的是提高欧洲高校教育质量，为高校自身的质量管理与提高提供支持，构筑质量保障机构自身业务的基础。高校内部质量标准包括质量保障的方针与程序；教学计划与授予学位的认可、监督与定期审查；学生的评价；教师的质量保障；学习资源与对学生的教学服务；信息系统；信息公开。外部质量保障方式包括：学校的办学资格认证；学院和专业认证；学校、学院、专业的声誉排名；学校内部质量保障体系审计；全国性专项调查（如新生教育调查、毕业生调查等）；专家资格认证、全国质量系统规划与建设等。我国要加强高校自我评估，使其制度化、义务化、指标化、特色化、公开化，进一步增强高校自身质量保障的自觉性。

（三）教育投入、教育过程与教育产出并重

教育输入主要是指教育资源与生源。教育过程是人才培养的过程，主要包括教学计划、教学管理、教师管理、教学质量控制制度等方面。教育输出主要考查学生的成长、人才的质量和毕业生的就业与专业表现。目前，在评价高校的教学质量与进行专业评估时，教育投入、教育过程和产出因素三个评估指标并重。评估从重视硬件到重视软件，开始关注教师"教"的能力，以及学生的学习过程和收获。

（四）院校的教学质量评价要重点关注的两个方面

1. 人才培养质量评价要充分关注教师"教"的能力

我们说教学过程是一个以认识活动为起点，掌握他人和前人的间接经验、发展能力、直接经验和态度倾向的过程。教学过程是师生双方共同的活动。高等学校的教学活动是一种特殊的认识过程，具有专业性、独立性、创造性、实践性等特点，其成败在很大程度上取决于教师"教"的能力，需要教师根据教学内容和教育对象妥善地选择合适的教学方法。因此，对高校教师进行教学评价要着重体现其进行研究性教学、探究式教学、创新实践教学、思想教育等方面"教"的能力。在探索教师教学评价指标体系时，要明确评价内容，如教学评价内容要体现时代要求，体现教师是否能激发学生的兴趣，是否能调动学生的主动性，是否有助于发展学生的潜能，是否授予研究方法和学习方法。还要重视对教师教学评价的反馈，提高教师"教"的能力，对教师给予直接帮助。为了提高教师教的能力和水平，对教师给予及时的帮助和训练指导是必需的。

例如，美国加州大学欧文分校的标准化教学评估，对教师的教学评估列出以下十个指标：教师对课程内容满怀热情和兴趣；激发了学生对课程内容的兴趣；达到了课程的规定目标；有问必答；创造了一个开放、公平的学习环境；在课程中鼓励学生进行思考；对概念的表达和解说清

楚；作业和考试覆盖了课程的重要方面；学生对教师的总评分；学生对本课程的总评分。对每个指标从 A、A-、B+、B、B-、C+、C、C-、D、F10 个等级进行评价，A 表示卓越，F 表示完全不适当。

2. 人才培养质量评价要充分关注学生"学"的能力

目前，学生学习产出评价存在的问题是：仅仅停留在对学生的智育评价，而智育评价往往限于对学生知识掌握的评价，主要是通过课堂考试进行；评价游离在学习过程之外，没有将其纳入指导学习、规范学习、推动学习的过程之中。因此，我们在进行对学生评价时，要注意以下几点：

（1）要重视对学校人才培养目标的评价

学校要制定明确的教育产出的目标，明确培养出何等质量的毕业生，并使学生知道，自己进入了怎样的学校，进了学校可以得到怎样的培养和训练，毕业时可能成为怎样的人才等，使学生懂得在高校学习，不仅要掌握知识，而且要培养良好的道德品质、创造精神与能力、批判思维、全球视野、优质专业训练、终身学习的能力。学生心中有"质量"标准，就会遵照执行并主动积极地参与评价。

（2）要重视对学生学习能力的评价

美国已有越来越多的学校把自己的 NSSE（National Survey of Student Engagement）数据挂上了美国学校排行榜，成为美国国内高校选择的重要参考。NSSE 已成为美国高校教育质量评价新风向标。此调查指标主要包括五类：学习的严格要求程度、主动合作水平、师生互动水平、教育经验的丰富程度和校园环境的支持程度。调查采用学生自我报告行为和观点的方式进行。因此，院校为了提高学生的学习能力，要提供条件，创设支持的环境，让学生在学校教育中，在社会生活中去感受、感悟，增强学生学习的主动性和合作水平，从而获得教育经验和提高自我教育的能力。

（3）要重视学生创新、实践能力的评价

创新、实践不能停留在书面和口头上，也不是仅仅开设几门课程，而应自始至终贯穿于教育教学的全过程。要探索有效的评价方式和方法，使实践创新能力的培养成为广大教师、学生自觉的理念和行为。

第三节 高校教育教学与 VR 课堂研究

一、高校 VR 课堂的教学实践

VR 技术在高校教育教学中的应用途径多种多样，主要应用于日常性的课堂教学、多样的实验教学课程以及数字图书馆的建设等方面。VR 技术的广泛应用，极大地提升了学生的学习兴趣，完善了教学环境。VR 技术已成为高校高效率开展工作的重要组成部分。

（一）高校 VR 课堂教学的应用

VR 技术在高校基础教学中的应用主要集中在两个方面：基础的课堂教学和实验教学。

（1）VR 技术在课堂教学中的应用

课堂教学是高校教育教学的主要方式，也是最基础的方式。当下多媒体教学已经普及，但是这种以二维图像为主的多媒体方式更能吸引学生的注意力，激发学生的热情。VR 技术能够将现实世界进行多维的信息化呈现，将其应用到课堂教学中，可以丰富教学内容，同时这种新颖的技术可以吸引学生的注意力，提高学习的积极性。比如，在学习建筑结构相关知识的时候，VR 技术就可以发挥自身优势，构建一个多维立体的建筑模型，教师可以根据教学需求，将虚拟的模型通过计算机进行改变，学生可以有身临其境之感，加深学生对知识的认知与理解。VR 技术可以将枯燥的课堂变成生动有趣的课堂，提高课堂的教学效率。

第一，课堂教学的技能训练。技能训练一般需要对简单的工作进行反复练习，以达到熟练程度。根据 VR 技术的特点，其具有显著的交互性与沉浸性，因此将其融入技能训练，将有利于学生专注地置身于虚拟环境模拟出的训练场景中，通过与虚拟场景交互来实现技能训练。如在医学领域中，学生可以通过虚拟交互系统模拟出的手术场景，操作完成一台手术，期间可以虚拟出手术过程中的任何一个细节，学生通过这种实践教学，不但能够进行反复练习，而且真实模拟了现实情况，同时又不存在风险。

第二，课堂教学的探索学习。VR 技术与传统实践教学工具不同，它不存在材料的消耗和维护，可以在课后向学生开放，激发学生自主实践的兴趣，在实践过程中不断提出自己的条件假设，并对此进行模拟验证，从而培养学生通过虚拟交互系统的实践探索能力，促进学术进步。比如，对于电子与电气相关学科，学生可以在不购买不消耗任何电子器件的基础上，在虚拟实验环境下搭建自己设计的电路，并进行可行性分析；对于环境领域的学生，只需要在虚拟实验环境中搭建出温室效应的模型，便可以完成温室效应的影响因素分析。总之，基于 VR 的交互系统与高校实践教学相结合，能够提高学生对学科领域的学术探索精神。

（2）VR 技术在实验教学中的应用

VR 技术在实验教学中的应用，可以发挥 VR 技术的交互性特点，实时为学生提供有效的实验数据，指明实验操作步骤，解决学生在实验中的困惑。教师在这一教学过程中，可以通过 VR 技术实现对学生的针对性指导，提高实验教学的效率。学生在虚拟教学环境下，可以通过实验数据资料的指引完成实验操作，提升自身的实验水平。

高校实验教学作为教学与生产、社会实践紧密结合的环节，既是 VR 技术的潜在重要使用者，同时也是 VR 内容的重要提供者，并可能成为 VR 技术研发的重要引领者。因此，高校实验教学应对 VR 技术发展的策略应当是：根据自身发展实际情况，积极、主动地适应新技术革命的变化，以开放适应、引领的态度和行动去面对 VR 技术对教学的影响。

第一，厚植基础，继续推动高校开展实验教学领域的虚拟仿真项目教学改革。全国高校已经建设了几百个国家级虚拟仿真实验教学中心，覆盖了大多数部属高校和一大批地方所属高校及军事院校。省级教育行政部门也开展了省级虚拟仿真实验教学中心建设工作，建设数量约为全国层面的两倍。按照平均每个虚拟仿真实验教学中心建设几十个虚拟仿真实验项目估算，仅获得省级和全国层面认可的虚拟仿真实验教学项目就有几万余项。在现有基础上，高校应继续根据自身的教学实际需求，按照问题导向和目标导向的原则，创造性地开展虚拟仿真实验项目建设。

第二，优势共享，以搭建在线开放虚拟仿真实验项目平台为契机助推优质资源共享。在线开放虚拟仿真实验平台建设，就目前来看，在全球范围内还没有类似的集成式平台，属于集成创新的范畴，也属于中国特色高校教育管理的优势领域；平台建设要注重顶层设计，坚持成熟一批、推出一批，确保推出的实验项目已经在学校、区域或行业内试点，并获得基本认可；坚持符合专业实践教学发展方向，对不能很好地反映教育教学规律、不能体现专业教学需求、不能适应时代发展的实验项目，不进行平台支持；坚持创新驱动，鼓励与行业、企业合作共建共享，推动教学形式创新、技术创新、组织模式创新等各项创新；坚持互利共赢，确保集成平台与分布站点之间保持平等互利关系，确保实验效果和网络通畅。注重科学分类，体现平台为学生服务、为高校服务的目标。可以考虑按照专业类型进行分类，如工、农、医等，也可以细化到专业类；可以按照区域进行分类，如华北、东北等，也可以细化到省份，甚至到达市级层面；可以按照技术类型进行分类，如虚拟类、仿真类、增强现实类、增强虚拟类，也可以按照实现技术，如软件类、硬件类等进行分类；可以按照实验类型进行分类，如演示性、验证性、综合性、设计性等。总之，分类的目标是为了实现多维度的快速检索，提供更为便捷的服务。要注重规范建设，为实验项目可持续发展奠定基础。在平台建设初期，要注重对外展现和使用的统一化，进而要注意虚拟仿真技术的接口统一化，逐步实现虚拟仿真实验开发标准的统一。

第三，主动介入，以高校实验项目的使用为需求引导中国虚拟现实产业发展的方向。美国高盛集团发布的报告显示，2020 年 VR 教育市场规模将达到 3 亿美元，而 2025 年将达到 7 亿美元。根据以往的历史经验，信息技术对教育的投入，往往可以带动其他行业实现十倍以上的营业收入。VR 产业在我国的发展，高等学校实验教学领域可以从供给和需求两侧综合发力，实现高校教育与 VR 产业发展的深度融合，体现高校人才培养、科学研究和社会服务的综合功能。

从供给侧看，高校实验教学基于已有的虚拟仿真实验项目研究，可以为 VR 技术的发展提供技术支撑；同时，作为现代信息技术人才培养的主要基地，高校实验教学承担着培养 VR 技术研发人员的重任，可以为产业发展提供人才保障；最后，高校实验教学领域是虚拟仿真教学内容的重要提供方，也是解决 VR 产业应用内容初步设计和研发的主要承担者，通过将教学内容在更大范围内推广与应用，促进"VR+"相关产业的发展。

从需求侧看，高校实验教学是"VR+教育"的具体使用方。需求决定供给，有效的需求将引导供给的方向。因此，高校实验教学改革要关注 VR 技术的发展，注重 VR 技术与人才培养的深度融合，注重理顺生产实践和社会发展的虚拟实践与真实实践的关系。

从长远发展来看，VR 技术的兴起、发展，将会对未来高校教育的教育教学形态产生越来越重要的影响，高校实验教学研究和改革人员要从提高人才培养质量角度出发，对 VR 技术可能产生的技术革命保持高度关注，并积极介入其中，推动和引领整个高校教育教学与现代信息技术的深度融合。

(3)VR 技术在高校实训教学中的推广

第一，前期投入成本。

尽管近几年 VR 技术得到了迅速的发展，但 VR 设备及其软件开发的成本还是比较高的。如果高校在实训教学中引进 VR 技术，需要的设备数量不是一个小数目，引进初期仅在设备购置这一项的投入资金就是相当大的。

第二，场景的建模。

VR 设备的使用需要虚拟场景的支撑，而虚拟场景的开发离不开虚拟现实建模，所以在实训教学中，如何根据实训教学的需要建立合适的模型成为该项技术应用的重要前提。面对不同的学校、不同的专业、不同的教学目的，实训的种类繁多，根据不同的实训内容构建不同的 VR 实训模型。

第三，统一标准，共享平台。

VR 场景的开发是一项复杂的工作，如果每一个高校都根据自己的要求来开发 VR 相关的实训教学内容或系统，从全国范围来看，就会造成资源的浪费。可以由政府牵头规范，制定一个统一的 VR 教学开发的标准，全国范围内的高校可以合作共同开发，并构建共享平台，这样不仅能节约教学资源，而且能节省开发时间。

第四，VR 技术应用在实训中的教学设计。

VR 技术的革新日新月异，在教学实践中为了能够让学生及时了解和掌握这些技术，能够更好地理论联系实际，并做到与时俱进，高等院校在实践教学中应引入虚拟现实技术。

以物流仓储实践教学为例，具体教学课程设计如下：①实训前的理论教学。在进行实践教学之前，需要先让学生了解物流仓储系统，仓储是一个系统工程，大致分为入库、盘点、分拣、包装、出库等。先把学生分为几个组，分别对应这几个作业流程。让每个组的学生都认识一下各个流程，为实训打下理论基础。②虚拟现实教学。利用 VR 技术，展示某仓库的布局及其设施，通过预先的设计，学生可以通过触摸按钮，对某一设备进行更具体的观察和认识，并进行比较。每一个设备都配有对应的说明以及注意事项，从而让学生对仓储有个大致的直观认识。③安全教育。虽说是虚拟现实环境，但也要按现实生活可能遇到的非安全因素，对学生进行相关的安全教育，利用 VR 技术先让学生身临其境地观看易出现状况的环节和出现状况后正确的应急处理方式。这样才能在学生遇到实际情况时，知道该如何处置。④实操训练。按之前分好的组别，模拟某电商仓库的日常运营（训练主题不仅限于此），在进行模拟实训过程中，对学生出现的违规操作以及不安全的操作，可以在操作的界面引入警报系统。当出现这些操作时，界面就会出现红色闪烁报警，提醒学生出现错误，并会扣掉相应的分数，同时也会设有加分环节，来表扬那些操作得当和娴熟的学生。⑤实训总结。最后会在模拟实训结束后，系统会根据每位学生在实训过程中的表现，进行评比打分，并打印出实训成绩单，包括最终的分数和扣分的原因。实训结束后，学生要根据成绩单和实践训练写实训报告，交给指导老师，并由老师给予指导建议。

（二）VR技术在高校数字图书馆中的应用

图书馆是高校学生重要的综合性学习场所，图书馆的数字化建设是符合现代化教学要求的。高校数字图书馆信息技术的引入，便利了学生的借阅，在一定程度上改善了学生缺乏阅读兴趣的问题，但是初步的信息化并未将图书馆在高校教育教学中的主体地位凸显出来。VR技术在高校图书馆中的应用，则可以有效地提升学生在图书馆学习知识的意识。VR技术可以将图书馆资源进行全面、立体、真实地呈现，可以为学生提供丰富全面的参考资料，提高学生阅读学习的主动性。

二、AR/VR技术对高校教育教学模式的改革创新

（一）AR/VR技术对高校教育教学模式改革创新的影响

AR通过计算机技术将模拟的信息叠加到真实世界，真实的环境和虚拟的物体实时融合到同一个画面中。

AR允许用户看到真实世界以及融合于真实世界之中的虚拟对象，因此增强现实是"增强"了现实中的体验，而不是"替代"现实。

AR/VR对促进教育发展，增强学生的注意力和学习兴趣具有明显优势；通过师生双向的交互，提高学生沉浸感和想象力，使学习的深度、广度有所增加；在教学情景创设、学习模式创新方面、AR/VR创设探究与体验情境，学生由被动学习变为自主学习、体验学习、探究式学习，显著提高了学习效果。

高校教育教学模式的改革一直与信息技术息息相关，从传统的课堂教学手段到图文教学，再到多媒体教学，以AR/VR为代表的可视化技术教学必将对教育影响深远，已经成为教学发展和改革的新方向。2017年1月19日，国务院关于印发《国家教育事业发展"十三五"规划》的通

知里提到："要全力推动信息技术与教育教学深度融合。综合利用互联网、大数据、人工智能和虚拟现实技术探索未来教育教学新模式。"

（二）AR/VR 技术对高校课堂教学模式改革与创新的内容

教学模式是指在一定教学思想或教学理论指导下建立起来的较为稳定的教学活动结构框架和活动程序。教学模式的框架结构一般包括教学思想或教学理论、教学目标、操作程序、师生角色、教学策略和教学评价等因素。不同的教学理论、教学目标、师生角色等都会形成不同的教学模式。作为结构框架，突出了教学模式从宏观上把握教学活动整体及各要素之间内部的关系和功能；作为活动程序则突出了教学模式的有序性和可操作性。AR/VR 技术在教学中的应用会对教学目标、师生角色、教学策略、教学评价等因素产生一定程度的影响，增强学生的主观能动性和创新能力培养，对高校学生的学习兴趣具有提升作用，从而提升高校课堂的教学效果。

1. 重构教育教学理念

传统教学理念是教师教、学生学，一般的过程是教师先教授理论知识，学生再到实际环境中体验和应用。AR/VR 技术具有沉浸性、构想性和交互性，使得学生的学习具备了情境认知特性。情境认知理论认为，大多数知识都是人的活动与情境互动的产物。如果能为学习者提供接近于真实的学习环境或仿真情境，对提高学习者学习热情与对所学知识的理解掌握大有益处。AR/VR 教育思维不是告诉学习者什么叫知识，而是让学习者自己尝试直接体验知识，从学习知识到体验知识是一种学习方式的转变。在 AR/VR 技术下的教学中，学生通过虚实结合，与场景互动，变被动学习为主动探索学习，改变了教学思维和形式。

2. 改变教学目标

在传统教学中，教学的主要目标就是教师教授学生知识。AR/VR 模式下的教学可以通过学生的互动操作、师生互动等方式促进学生主动参与和自主学习，其主要目标是通过体验式学习提升学生的学习兴趣以及加深学生对知识的理解，提升课堂教学效果。

3. 操作程序的改变

每一种教学模式都有其对应的操作程序和逻辑步骤，即围绕课堂师生先做什么、后做什么。在传统课堂中，操作程序更多的是针对教师来说的，是教师如何安排组织课程的讲授、测评等过程。AR/VR 模式课堂教学中，互动教学环节会增强，有时候课堂必须要学生互动参与才能完成教学任务，课堂测试等环节的运行形式与传统课堂相比也有较大变化，整个课堂的教学程序都发生了改变。

4. 师生角色转变

传统教学的普遍形式是教师在讲台上讲、学生在下面听，课堂总是以教师为中心，这种形式导致学生没有自我性，认为课堂跟自己无关，通常在课堂上做自己的事，听课效果不好。AR/VR 模式下教师可以针对不同的学生设计不同的内容，提出不同的要求，往往要求学生互动完成，这样的课堂更多的是围绕学生来开展，学生是课堂的主角,教师是引导者,这种师生角色的转变可以增强学生课堂学习的积极参与性。

5. 教学策略的变化

教学策略是指在教学过程中，为完成特定的目标，依据教学的主客观条件，特别是学生的实际，对所选用的教学顺序、教学活动程序、教学组织形式、教学方法和教学媒体等的总体考虑。在 AR/VR 技术支持下，教学活动不再都是以教师的教为主，更多的是围绕着学生的学展开，教学的组织形式和教学方法也会发生改变。

6. 教学评价方式的改变

在传统课堂中，一个教师对多个学生，教师对学生的课堂评价比较难以实施，特别是个体学生的评价。在 AR/VR 教学环境下，教师可以通过学生的交互活动，由 AR/VR 教学系统自动实现对学生的个体评价。如在叉车结构知识点学习中，可以设置一个叉车结构的测试题，让学生自己动手选择，系统自动判断正误，实现对学生知识掌握情况的测试。此测试可以同时对所有学生进行，解决了传统课堂上教师提问学生受时间限制的问题。

教学评价是双向的，除了教师考评学生，学生也可以及时反馈教师的教学效果，以便老师清楚地了解学生对知识的掌握情况，在后续的讲解中有所侧重，从而提升课堂教学效果。

第四节　高校教育教学与慕课研究

一、高校基于慕课的新型教学模式探索

当前，基于慕课的教学模式日益进入我国高校教育的课堂，慕课的教学理念也推动着我国高校教育人才培养方式的转变。"慕课来潮"对高校培养人才和实现内涵式发展是一个难得的机遇。对此，慕课有哪些优势、是否适用于高校的教学、高校如何构建基于慕课的新型教学模式，值得深入探讨。

相对于传统课堂教学模式和一般的网络课程，慕课主要具有以下两个方面的优势：

1.慕课给我们带来广泛的、优质的、模态化的教育资源

目前开设的慕课突破了国际和校际壁垒，并不局限于传统的学科，而更注重课程的综合性、实用性和普适性，既有涉及国际前沿的理论课程，如"博弈论"，又有应用型和通识类的课程，如"英文写作""食物、营养与健康"等。

在慕课中，教师讲解环节主要通过视频实现。慕课的授课视频一般经过师资团队反复研究制作而成，大部分视频的主讲是名校名师，专业师资团队对专业知识的讲解一般比单个教师课堂讲授的质量更高。慕课课程的设计能够突出每门课程的特色，课程教学内容主要以模块的形式呈现。通过约10分钟的微视频把知识体系分解为单元模块，突出知识要点，这有利于学习者集中注意力和利用碎片化时间学习和理解。

2.慕课体现了以学习者为中心的教育理念和教学模式

（1）慕课能够兼顾学习者学习能力个性化的要求

传统课堂主要以教师为中心，教师按照一个版本，面向学生群体统一

授课，这难以照顾不同学生个体的能力差异。在慕课中，学习者可根据自己的学习能力自主选择课程内容和难度等级，自主调节学习进度，如果遇到难点或外文课程的语言障碍，可以回播教学视频继续学习。这种个性化的学习方式有利于增强学习效果。

（2）慕课能够满足学习者学习方式多样化的需要

在慕课平台注册的学习者可通过多个社交网站、论坛，运用多种社交媒体与教师、同伴讨论和交流，形成"师生互动"和"生生互动"，共同解决学习问题。学习者在慕课平台中可通过授课视频内嵌测试、在线测试、线下作业等多种方式加强训练；可利用在线教材注释、在线虚拟实验室、可视化游戏等软件辅助工具做课程笔记和模拟实验；可借助教师评价、同伴评价、自我评价所构成的多元化评价方式审视自身学习效果和不足，以便总结提高。

（3）慕课让学习者在学习时间和地点选择上更具灵活性

在传统课堂中，学生修读课程需在规定时间到指定课室听课或做实验。而慕课课程在时间安排上相对灵活，也没有固定的地点。学习者可以自我计划和管理学习时间，主动营造良好的学习环境。

二、慕课的适用性

慕课的到来为我国高校教育人才培养模式的改革提供了一个很好的机遇，但我国高校在把慕课运用到教学实践中需要考虑慕课的适用性，因地制宜，针对不同高校、不同类型学科课程采取不同的实践模式和应用策略。

（一）不同类型高校可采取不同的应用慕课的策略

对于国内一些综合性研究型高校，在利用国际慕课资源的同时，可开发一系列品牌课程参与到国际慕课平台之中。对普通本科院校和职业院校而言，其策略以吸收、引进和利用国内外慕课资源为主，利用慕课资源实现内嵌式教学课堂以提高教学质量；再根据高校自身的学科优势选择性地开发一些特色专业类或技能型的慕课课程，参与到全球慕课平台中去。

（二）慕课对不同学科课程的适用性不同

慕课在技术和制度设计上尚不成熟，高校教育不同学科课程有不同的知识结构体系和不同的思维能力要求，因此慕课对一些学科在教学过程中的应用有一定的限制，并非适合所有学科课程的教学。慕课的学科课程适用性具体表现在以下方面：一是慕课本质上属于网络课程的范畴，对于理论课程的教学，可以借助慕课实现优质教育资源的共享，优化教学设计，提高教育质量。但对于实践课程，慕课的实用性并不强。实践课程更多地需要学生现场做实验、实地调研等才能有效培养学生的操作技能和实践能力，而慕课难以实现实地操作和现场体验。即使有些慕课课程试图用虚拟实验室来模仿实验，学生也不能获得如化学实验所释放气味的真实感受。二是慕课更多地应用于以结构化知识传授为主的程序化的学科课程，对于高阶数理推导和逻辑思维训练的学科课程的适用性较小。三是目前慕课的授课语言以英语为主，少数课程配有中文翻译字幕，这对外语类课程和双语教学的课程而言，慕课是十分合适的教学资源，学生通过慕课既可学习地道的外语，又可汲取专业知识。而对于其他课程，慕课的大范围应用还有赖于中文慕课的开发。

三、高校慕课应用教学模式的构建

慕课具有优质教育资源和先进教育理念的优势，而实体课堂又弥补了课堂难以督促学生、无法面对面交流和开展实践活动等不足。因此，将慕课与实体课堂相结合才是有效应用慕课推动教学模式创新的可行途径。对高校而言，慕课与实体课堂结合的主要形式是将慕课作为课程主体内容，构建翻转课堂；或是将慕课作为课程的强化与补充，形成混合式学习。所谓"翻转课堂"（Flipped Classroom），就是把传统课堂的"先教后学"模式翻转为"先学后教"的新型教学模式。在上课前，学生独立完成对教学视频等教学资源的学习；在课堂上，学生在教师指引下进行作业答疑、协作探究和互动交流等活动。混合式学习（Blended Learning）在形式上是在线学习与面对面学习的混合，在内容上涵盖多种教学理论的混合、教学资源的混合、教学环境的混合和教学方式的混合。当前促进高校课程教学改革的一种有效路径是突出资源整合和教学互动，充分利用慕课课程资源，将慕课与实体课堂相结合，建立基于慕课的翻转课堂和混合式学习。具体而言，高校可着力构建"课前设计、慕课学习、课堂互动、实践拓展"四位一体的慕课应用教学模式。

（一）课前设计

在课前设计阶段，由任课教师事先设计课程的体系结构、筛选合适的慕课资源、制作教学视频、提供预习资料，给学生在之后的慕课学习和课堂互动阶段提供导航。课前设计是慕课应用教学模式必不可少的阶段。由于慕课平台所提供的课程并没有严格的课程体系结构，教师在开课之前告知学生关于课程的体系结构和相关的基础知识，可让学生对课程有一个整体把握，避免学习后形成"知识碎片"。由于慕课的课程比较多，而学生对课程的甄别能力有限，且不同学生的能力层次和学习需求存在较大差异，教师在课前设计中筛选合适的慕课课程推荐给学生学习，并为学生设计不同的学习路径以供其选择，可帮助学生选择适合自身学习能力和学习需求的优质慕课课程。

（二）慕课学习

在慕课学习阶段中，学生根据教师课前布置的学习资料，自行观看必修模块的慕课教学视频和选择性地学习选修模块的慕课教学资料，并完成相应的作业，以便对课程新知识有一定的了解，找出疑难之处。该阶段的学习一般在课外完成，学生可根据个人情况适时调整教学视频学习的进度，遇到授课语言障碍或知识难点，可反复播放视频或查阅相关学习资料，以便加深理解。在慕课学习阶段，学生可以自控式地深度学习，获得个性化的学习体验，完成"知识传递"的过程，该阶段的"先学"是实现下一个阶段课堂互动"后教"的基础。

（三）课堂互动

课堂互动是基于慕课的翻转课堂教学模式的核心，是真正实现"以学习者为中心"的课堂组织过程。在课堂互动阶段，学生在教师的引导下，进行作业答疑、小组讨论、协作探究等学习交流活动。学生的学习过程一般由"知识传递"与"吸收内化"两个阶段组成，在慕课学习阶段学生完成了"知识传递"的过程，而在课堂互动阶段的主要任务是促进知识的"吸收内化"。如对于经管类课程，知识的吸收内化侧重通过问题讨论和案例分析等方式促进知识的综合应用；对于外语类课程，则侧重语言的"输出"练习；对于理工类课程，吸收内化主要是通过实验和方案设计等方式验证原理并在实践中运用。

课堂互动的主要活动包括作业答疑、小组讨论与展示、反馈评价等。在作业答疑中，教师首先根据课程大纲内容，针对学生观看慕课视频和课前预习中提出的疑问，总结出有代表性的、有探究价值的问题；然后教师在课堂上给予学生答题思路和方法指引，由学生独立或师生共同完成作业的解答，并在作业解答和知识点梳理中达到化零为整、知识融通的教学效果。在小组讨论与展示中，学生组成小组，根据教师设置的问题、案例、场景等，开展小组讨论，通过辩论、案例分析等方式探究问题，并通过团队报告、小型比赛等形式展示小组学习的成果。这种协作学习的方式能够增进学生间的合作，提升关联体验，弥补线上慕课学习缺乏情感交流和社会关联的短板，增强学习效果。对于反馈评价，在课堂互动阶段，需要通过教师点评、同伴互评、学生自评等方式，对学生之前是否自觉完成慕课学习、是否掌握基本知识要点、是否积极参与小组讨论、团队成果展示水平如何等进行多维度的评价，以达到"以学定评""以评促学"的效果。

（四）实践拓展

高校实施慕课的翻转课堂和混合式学习模式的最终落脚点是学以致用，培养应用型人才。课前设计、慕课学习、课堂互动和评价考试并非课程构成的全部，而实践拓展也是该教学模式下课程教学的重要一环，是课堂教学的延续。实践拓展阶段以成果分享、技能竞赛和社会实践为着力点。由学生团队根据自身对课程内容的理解和学习感悟制作成视频等形式的作品，上传至网络平台，与同伴分享课程学习的成果，通过学生对知识的再创造，加深其对新知识的理解。师生根据课程内容共同开展相应主题的竞赛、调研、实验等实践活动，并给予计算相应课程的学分和学时，以达到训练学生的应用技能和提高其创新能力的教学目的。对于经管类课程，可采取企业调研、社会调查、沙盘演练等实践活动。

对于外语类课程，可开展英语演讲比赛、英语情景剧比赛、担任兼职翻译等。对于理工类课程，可让学生参与新实验开发、新产品设计、小发明制作等进行实践拓展。

总之，慕课的引入一方面提供实用性较强、覆盖面较广的教育资源，更大程度地满足高校培养应用型人才的需要，同时也弥补高校优质教育资源缺乏的短板；另一方面，慕课的引入也带来先进的教育理念，这种教育理念强调"以学习者为中心"，注重学习能力的培养。

在这种教育理念引导下，构建慕课的新型教学模式，是推动高校教育教学改革和实现应用型人才培养目标的有力举措。

四、高校慕课教学的改革

慕课的快速推进，给高校的课堂教学改革带来了新的机遇和挑战。这就要求管理者要搭建更高效的资源共享平台来促进课堂教学。教师需要重建课堂教学理念，确立新的教学目标，重新组织课堂教学过程并更加注重过程化、多元化的考核方式。与此同时，教师要做好由统一化培养到个性化培养的转变，由课堂教学到多平台教学的转变，由单向教学到多向互动的转变，由人工教学管理方式向智能化教学管理方式转变。

（一）搭建有效平台，促进资源共享

慕课是与现代教育技术紧密结合的产物，慕课下的课堂教学改革需要凭借平台来运作。目前，慕课运作平台主要有公共的开放平台和校内网络教学平台，搭建好两个平台有助于教学资源的整合，有助于课堂教学改革的顺利推进。

1. 搭建慕课联盟平台

对高校教育发展来讲，建立高效、共享、优质的教学资源合作机制，开展慕课建设、推动课堂教学，将有助于提升高校教育整体发展水平。在搭建慕课联盟平台的过程中，要改变过去的观念；达成推动共建共享慕课机制这一工作共识；制定参与慕课共建共享有关规章，形成和构建相应的共建共享机制。

（1）铺垫平台基础

首先是政策基础。政府需要在政策上给慕课资源共享提供保障，特别是制定学分互认政策，协调学分互认关系，并确定慕课在教学中应用的比例。其次是技术基础。各高校慕课建设应执行国家相应标准，实现平台的交互操作，建设的慕课能够在不同高校的平台上顺利运行。最后是教学基础。教学的基本内容和基本要求应达到一定程度的规范和统一，为学分认证奠定基础。

（2）丰富平台资源

首先，盘活现有资源。各高校现有的精品课程、精品开放课程、资源共享课程、课堂教学设计与创新课程、双语教学课程等课程建设项目，前期进行了大量的投入和建设。这些项目虽然已经完成了阶段性使命，但仍有开发利用的巨大空间，根据慕课建设要求和技术标准对以上相关课程进行改造，充实到平台中去。其次，引进优质资源。目前很多慕课资源平台提供了大量优质慕课资源，在尊重知识产权的基础上，通过协议等形式把这些资源课程嫁接到高校慕课平台上去，使学习者通过一次身份认证便可学习到更多慕课平台上的课程。最后，自主开发资源。鼓励高校自主开发慕课。尤其是在平台运行初期，对高校中的选修课、公共课等共性较多的课程加大扶持开发力度，为高校校际慕课学分互认积累经验。

（3）提供平台保障

首先，处理好"权""利"关系。在平台上运行的慕课存在着知识产权和利益分配等相关问题。这就需要签署《联盟高校慕课学分认证协议》

《联盟高校慕课学分收费协议》等相关协议，以及制定《联盟高校慕课制作规范》等相关制度。平衡好教师、学习者、学校和平台提供者之间的"权""利"关系，以保障慕课资源共享机制长效运转。其次，成立慕课评估组织。政府可以委托某一高校牵头成立慕课评估机构，对纳入平台的课程，组织各方面专家进行评估。尤其是教学大纲、课程目标、授课内容以及对学生应掌握的知识、技能以及应达到的水平进行信誉等级评定，为课程学分认证提供参考。最后，建立协调机制。政府是协调慕课商业化的有效保障，在校企合作过程中发挥着助推作用，也能够敏锐地看到慕课在企业、高校之间的作用。所以，政府应该对慕课平台进行统筹管理。

2. 加强校内网络教学平台建设

在国家和各级政府的财政支持下，目前国内大部分高校都建立了网络教学平台。但从目前运行来看，需要加强以下三个方面的建设：

（1）加快网络教学平台数字化对接

高校内的图书馆信息系统、财务缴费平台、教务管理系统、毕业设计平台、网络教学平台等多个与教学密切相关的系统（平台）分属于不同的管理部门，由不同的公司开发与维护，技术参数标准不尽统一，造成师生身份认证重复操作，给教学和管理带来诸多不便。校内网络教学平台应及时和校园数字化平台对接，共享相关数据信息，使教师上课、学生学习以及其他信息查询都可以在一个身份认证下完成。

（2）加快网络教学平台的运用

首先，加强宣传。通过多途径宣传网络平台的优势，发放平台使用手册，并有针对性地开展培训工作，让更多的学生知道并使用平台。其次，出台使用网络平台相关鼓励政策。教师在网络平台上开放慕课或进行相关的课堂改革，耗时耗力，对技术要求高，学校应给予一定的资助或奖励。最后，给学生提供便利的网络学习条件。实现校园网无线网络全覆盖、便捷的活动桌椅讨论教室、快速的机房上网服务等。

（3）加强网络教学平台管理

一个合格的网络教学平台需要一套系统的管理模式，才能保证平台的平稳运行。首先，制定和完善相关管理制度。学校要出台《网络教学平台管理办法》等相关制度并及时更新制度内容。其次，及时更新课程资源。及时了解网络技术与课程资源的发展动态，实时引入和更新网络课程资源。再次，做好网络教学平台管理服务工作。做好平台设备的日常维护、使用管理，及时排查故障，确保平台始终处于正常工作状态。最后，做好网络信息安全工作。严格执行课程准入制度，定期巡查入库课程内容，防止无关信息的渗入与传播。

（二）强化过程评价，注重实际效果

传统的课堂教学改革多以公开发表论文、提交研究报告作为改革的成果来呈现。慕课背景下的课程教学改革应建立过程性、多元化的评价标准，着重考核实际课堂教学效果，这就需要采用新的策略来重建课堂教学。

1.重建课堂理念

传统的课堂教学教师处于主导地位，教师控制着教学进度，课堂教学内容中的重点、难点均由教师来掌控，学生是被动接受知识的客体。而慕课的课堂教学翻转，教学的重心由原来教师的"教"转移到了学生的"学"上，部分内容则由学生通过慕课微视频来实现，教学中的重点是在教学情境中生成的，教师的工作重心在于课堂教学设计和辅助教学。在教学理念上发生了根本性的转变。

2.重建课堂教学目标

传统的课堂教学主要在课堂上把基础知识和基本技能传授给学生。而慕课背景下的课堂"翻转"使教学目标重建成为可能。学生可以利用课下时间通过微视频来完成基本知识的呈现、讲述与传授，课堂则成为师生探究、问题解决、协助创新的场所。学生可以不受时间的限制来掌握基础知识和技能，通过学生自主学习，掌握学习过程中的重点和难点。在课堂中，学生带着自己的问题与教师探讨、交流，从而获得新的知识建构。

3.重建课堂教学实施过程

慕课背景下的课堂教学由于教学目标发生了变化，所以教师需要重新组织和安排教学。在教学实施过程中主要包括课前自学、课中内化讨论、课后深化三个阶段。学生通过课前观看教师拍摄的视频完成初步知识、技能的接受和理解；通过解答教师预设的问题来检验学习过程中遇到的问题或不足；通过网络交换平台和同学、教师讨论学习中遇到的问题，将仍然解决不了的问题记录下来并带到课堂教学中去。在课堂中，教师搜集学生提出的问题，通过讨论、讲解等给予现场解答。期间，教师给学生提出具体的实践活动任务，由学生自主探究或协助学习；在课后深化阶段，教师根据学生对知识的掌握情况，提出一些拓展性的实践任务，给学生提供在真实情景中解决问题的锻炼机会，同时辅以反思、活动，促使学生课后自主探究与反思，促进知识、技能的进一步内化、拓展与升华。

4.重建课堂教学评价模式

慕课背景下的课堂教学，在教学模式和教学方式上较传统授课模式有很大的区别，更注重过程化考核和多元评价办法。这就需要教师在教学进程中分阶段对学生进行考核，考查学生对已学内容的掌握情况、学习能力、初步运用知识分析问题和解决问题能力。教师可以针对不同的课程性质和特点，选择平时作业、阶段测试、期中考试、研讨交流、答辩、调查报告、读书笔记、项目设计、实践操作、专业技能测试、课程论文、学生互评等灵活多样的考核形式，或采用方法的部分组合。慕课下的课堂教学，需要教师以全新的视角来审视教学，重视过程化考核，注重学习者实际学习成效。

（三）发挥慕课优势，助力课堂教学

教师要熟记慕课开发及管理相关知识，指导学生学习方式的转变，调整课堂教学知识结构，利用好慕课资源。重点在于教师如何更好地促进课堂讲授与学生慕课学习相结合、线下辅导与线上辅导相结合、自主开发的慕课与其他慕课资源相结合等问题。为此，教师需要做好以下三个转变：

1. 由统一化培养向个性化培养的转变

慕课体现了一种以学生为中心，以"学"为本的教育价值取向，重视激发学生主动学习的积极性，强调学生自主学习。班级授课制下预设的假设是所有的学生有相同的基础，培养出具有该课程基本知识和技能的学生，可以说是同一化培养。而慕课则更注重学生个性化的学习需求，侧重差异化和个性化培养。

2. 由课堂教学向多平台教学的转变

传统的课程教学往往局限于课堂时间内，虽然也要求学生课前预习、课后深化，但缺少检验、交流的平台。而慕课给传统课堂带来了转机，教师可以利用现有的慕课平台课程资源，打破课堂时间限制，形成实体课堂和虚拟线上的合理衔接，由单一的课堂教学转变为丰富的多平台教学。与此同时，教师可以有效利用其他网络资源，如微信、微博、QQ 空间等交流平台，来补充慕课资源的不足。

3. 由单向教学向多向互动教学的转变

线上平台的开放，无疑延伸了课堂教学时间，形成了师生、生生、个人和小组、小组与小组等多向互动局面。尤其是在"翻转课堂"中，教师的角色发生了重大变化，传统课堂中的基本知识在翻转课堂中教师不再讲授，而由学生课下线上学习。教师的角色由原来的"教学"变为"导学"，授课方式也由原来的单向教学向多向互动教学转变。

4. 由人工教学管理方式向智能化教学管理方式转变

运用慕课技术实现由有纸化向无纸化转变、由有人化向少人化或智能化转变。传统的教学资料中的教材、作业等多以纸质的形式呈现，而慕课下的课堂教学更多采用的是电子资料、视频材料、电子书、电子作业、帖子等，甚至考试也在线上进行。这就要求教师适应无纸化现代教学的需要，更新教学技能，利用好线上资源，做好数据统计与分析。

（四）把握慕课发展趋势

1. 慕课发展大趋势

（1）慕课类型发展趋势

从目前来看，慕课主要有两种形式：C慕课和X慕课。C慕课，"C"代表"连通主义"（Connectivism），认为知识的本质是"网络化的联结"。强调知识的获取"去中心化"以及知识的创造与生成；强调的是同伴学习，其运行于开放资源学习平台。就目前的几大慕课供应商所提供的课程来说则属于X慕课，基本上还是传统的课程，即以教师课堂教学为主，只是通过现代的技术方式表达出来。由于X慕课简单易行，熟悉亲切，和传统教学模式相近，加上运营商不惜成本大力推介名校、名师、名课堂，目前发展比较迅猛。而随着先进的网络技术被不断用于高校教育，人们更重视"人"在慕课中的作用（而不仅仅是技术在慕课中的作用），从而将会把C慕课推向新的高度。

（2）慕课建设发展趋势

从目前慕课开发的主体看，主要有运营商、高校个体和高校联盟。运营商虽然有较大的资本投入，不遗余力地进行广告推广、技术更新，但必须依靠高校优质的师资进行"原创"；高校虽然有雄厚的智力资源，但往往缺乏资金的投入和技术的指导。鉴于此，就诞生了"校企合作"式的慕课开发和"校校抱团"式慕课联盟。从发展趋势看，这两种慕课开放模式都将有很强的生命力。但需要注意的是"校企合作"式的慕课开放模式，高校要重视知识产权保护以及正确处理合作开放中的角色。在"校校抱团"式慕课联盟中，要处理好高校间的权利和义务关系，遵循互通有无、优质共享、凸显特色的原则。

2. 符合校情，稳步推进课堂教学改革

不同的高校有不同的教育使命，要量力而行。一是分类推进慕课建设。通识类选修课以及部分专业选修课可以通过慕课形式来完成，或尝试"翻转课堂"等教学方法，但专业核心课程要慎重推行。对于一些简单的知识点应鼓励通过慕课来学习。未来的课堂教学应更多体现知识的探索和师生的互动。二是引进与本土化慕课建设相结合。一方面高校要引进一些名校、名家的慕课资源；另一方面要立足区域联盟开发一些本土化慕课，凸显本校的办学特色。其三，借鉴慕课优势，激活现有课堂教学。在普通的课堂中增添一些慕课环节，利用现代化的即时通信工具增强师生互动，把"静"的课堂教学变"动"。

3. 与时俱进，提升教学管理服务水平

传统行政化教学管理要向信息化学习与课程服务体系转变。努力为学生提供最优质的课程和个性化学习服务，为教师提供全方位的课堂教学支持服务。一方面，教学管理部分要充分利用大数据资源为教师提供个体化的"学情"信息，揭示在传统教育的经验模式中无法检测出来的趋势与模式，以便教师洞察学生是如何学习的、学生理解了什么、没有理解什么、是什么原因导致学生获得成功等关键问题，从而使教师能够卓有成效地开展因材施教；另一方面，充分利用现代信息技术，通过各种学习终端向学生推送选课、空余教室、作业、讨论、考试及相关教学信息，为学生提供快速、简单、直接的各种学习服务，让学生更高效地进行学习。

4. 着重引导，培养学生自主学习能力

虽然慕课落实了学习者的中心地位，拓展了学习方式的时间界限，创设了沉浸式、社交化的学习环境，但慕课自由化的学习方式，对学习者自主性和自我约束力以及学习过程的可持续性提出了更高的要求。与此同时，海量的信息来源和知识资源，也容易使学生无所适从。因此，高校必须着力引导学生培养自主学习能力。

五、利用信息技术促进高校慕课教学

慕课的广泛推广离不开信息技术的运用。慕课时代，对高校教师也提出了更高的要求，高校教师需要充分利用信息技术促进慕课教学。下面对利用信息技术促进高校教育教学的途径提出相应对策：

（一）教师个人制作动画、电子手写板书等新型慕课资源

慕课资源如果全靠院校管理者提供经费请专人制作，那平台的更新和有效应用将得不到保障。美国可汗学院的慕课视频就是利用录屏软件、电子手写板独立完成的，费用不高，完全靠可汗个人的发挥，在手写板上完成板书。技术和教学的关系应如何对待早已是人们探讨的话题，手写板书反映了教师的思维，对学生也有更深层的教学效果，将信息化技术的应用深入教学的精髓。此外，动画、电子手写板书完成的慕课资源在同等清晰度下能比课堂实录压缩得更小，有利于在线学习。

（二）将移动学习应用于开放课程资源的应用

目前，青年学生使用大屏幕手机浏览网络资源已经非常普遍，慕课资源如果不能在移动网络上方便点击观看就失去了生命力。因此，开发时间短、容量小的片段式慕课视频，并适用于手机平台浏览就是目前最紧迫的工作。除了传统的网络课程，微信课程等新生事物也能应用于学生的在线学习。

（三）在试点专业进行慕课的研究

慕课是否适用于所有课程还需要研究，可以首先把部分专业开展自主学习、自我发展教学形式作为研究案例，从采用形式、条件、培养目标、管理形式、评价标准等方面做重点分析，以指导提升学生创新能力为目标进行开放教育资源应用。以国际商贸和模具类专业试点课程学习方法的转型为例，由于国际商贸系所面向的就业范围广泛、模具类学生毕业后转行的比例相对较高，为使专业培养适应工作岗位的条件，根据现在的师资条件难以让每个学生都得到全面发展机会的现实，每个专业方向通过专业教师管理引导并实施考核，学生自主选择慕课资源进行自主学习。根据部分高质量国外教学资源，访问速度不能保证以及语言障碍等问题，学校应帮助解决，搭建良好的自主学习平台，提升学生创新综合能力。试点专业可采用贯穿学程的学分制、专业选修课体系，提供教师自由安排学习模式的可能性。

（四）教师要正确认识教育技术对自身教学的重要性

在慕课大潮的冲击下，随着现代教育技术化程度的不断提高，高校教师只有及时将最新教育技术纳入自身的专业知识体系中，才能胜任新形势下的教学工作，专业化发展道路才会通畅，以慕课为代表的新技术应用并不只是专业教育技术人员的事，而是和广大教师息息相关的。

六、慕课资源在高校中的利用

嵌入学科服务强调以"为用户"为出发点，将学科信息资源与信息服务融入用户实体空间或虚拟空间，构建一个满足用户个性化信息需求的信息保障环境。下面结合图书馆的实体空间对将慕课嵌入学科服务进行介绍。

（一）实体信息共享空间

如今图书馆的实体信息共享空间发展迅速，包括各种形式的信息环境，如咨询空间、研讨室、学术报告厅、开放交流空间等，有的图书馆还以学科分馆为基础，按学科和专业对图书馆的空间和资源进行整合，为用户提供了更为便利的学科环境。慕课除了视频之外，还有非常重要的交互部分，那就是师生、生生之间的交流，可以借助图书馆的信息共享空间实现面对面的交互，如授课教师与学生之间大规模的异地实时视频讨论，可以在图书馆的学术报告厅进行，课后某一慕课学科学习小组的成员可以借用研讨室进行学习交流。利用信息共享空间，可以支持用户顺利开展慕课线下学习活动，同时学科馆员也可以和用户一起进入空间，提供咨询服务，可以依据课程内容提供纸本、电子的参考资源列表以及网络开放获取资源的信息，为用户的学习提供帮助和支持。教师录制慕课课程可以借用图书馆的学术报告厅，获取配备音响、投影等较完备的课程录制环境和工具。

（二）学科服务平台

学科服务平台通常应包括学科知识资源、特色资源、学科信息门户、学科导航、学科咨询、个性化定制、主题服务、知识挖掘等信息，它是图书馆提供学科服务非常重要的窗口。目前，各高校的学科服务平台形式多样，有学科博客、专业的学科服务平台、自建的学科信息网页等，但无论哪种形式都可以将我们的慕课资源嵌入其中，为学科服务的内容拓展一种新形式。可以学习国外高校的方式新建慕课指南（或者慕课指南博客、慕课信息网页等），通过这个指南展示慕课宣传的信息、常见的综合类慕课课程、信息素养知识慕课课程、慕课版权等。学科类的慕课课程、特色多媒体资源、课程参考资源、学科专题信息、素养知识课程等信息嵌入发布到各个学科指南中去，方便用户按照学科获取，利用学科服务平台工具对本学科相关课程信息进行系统的收集、整理，并将学科服务平台上的常用专业资源如电子资源、图书、信息门户等整合，嵌入教师学生的研究和教学。

（三）移动图书馆

目前，国内高校推出的移动图书馆服务已经非常丰富，如手机短信服务、移动图书馆 APP 服务、微信服务、RSS（简易信息聚合）订阅等。移动图书馆服务借助网络技术与移动设备帮助使用者能在任何时间、任何地点获取图书馆的相关资源与服务内容，馆员可以通过移动图书馆将慕课课程服务嵌入教师建设课程与学生学习课程的过程中去。

微信具有的基本功能为基于学科服务的慕课活动嵌入式服务提供了重要途径。基于语音文本交互和群聊的交互功能，可应用于慕课课程协作学习，实现师生与图书馆员之间的交互沟通。例如，学科馆员可以通过一对一或者一对多的方式回复某个学科群组里师生的咨询。基于微信公众平台的信息聚合与推送功能，可以开发慕课课程学科参考资源的订阅推送和自动回复响应功能，使师生能够检索和获取学科慕课资源，如推送信息素养知识的微视频。如检索策略的编制、学科数据库的使用技巧、学科开放资源的获取与介绍等主题微视频，或者读者发送微视频的关键字，可通过微信自动响应发送相关主题微视频至读者的手机终端。基于微信公共账户的信息发布功能，发布慕课相关新闻信息。

RSS 个性化需求定制也可以为读者提供订阅推送慕课资源与新闻的

服务。图书馆员发布信息时可以将慕课资源按照不同学科类别聚合，为读者提供分类查询的途径。读者进入图书馆 RSS 服务页面后，可以看到按学科排列的资源链接地址，读者用鼠标点击需要的慕课信息链接地址，从菜单中选择增加频道，粘贴上复制的信息链接地址即可。图书馆员也可以将慕课信息按照主题词和关键词进行聚合，为读者提供主题词和关键词的查询方式。读者进入图书馆 RSS 服务页面，可以按主题词和关键词进行搜索，如检索慕课版权、慕课工具、参考资源、慕课课程等关键词，然后将搜索结果中需要的信息资源链接地址复制粘贴到新建频道中。图书馆可以根据课程的内容设置、学生的在线咨询等提供配套于慕课教学的资料推送、个性化需求定制等服务。

图书馆员通过实体信息共享空间、学科服务平台、移动图书馆等途径，根据不同慕课服务的特色，选择较合适的途径传播给用户，教师与学生也可以通过这三个途径产生信息互动。

（四）慕课嵌入学科服务的特色

1.促进学科服务的内容嵌入

学科服务是学科馆员主动深入到教学科研活动中，帮助用户发现和提供更多针对性更强的专业资源。很多情况下传统教学和科研工作的模式使得教师、学生局限于自己的课堂、实验室，与图书馆员之间的交互难以深入并持续。通过将慕课资源嵌入学科服务，扩展学科服务的信息来源、信息形式，满足师生们浏览学科慕课资源的需求，图书馆员有更多的机会将学科内容嵌入教学中去，提高学科资源的利用率。当然，这也要求学科馆员对现有的慕课资源进行搜集、评判选择、重组、分类、标记等工作，并与其他学科资源进行整合。

2.促进学科服务的过程嵌入

学科服务需要深入了解读者的行为习惯、信息能力及信息需求，根据学科特征，为读者提供主动、个性化的服务。图书馆为慕课教学师生互动、生生互动提供实体空间，使得学科馆员有机会参与教学活动，为教师提供数字化资源的内容支撑，了解教师与学生的实际信息需求，并提供相应的咨询服务，推荐参考文献，帮助学生利用图书馆资源解决慕课课程中遇到的难题。

3. 促进学科馆员专业服务水平

学科馆员在整理慕课资源的同时，对该学科优质的教学内容、学科领域的研究热点、该领域的学术专家等会有更深入的了解，会在一定程度上提升自身的专业服务能力，与教师和学生交流时，能更加了解其信息素养需求、教学需求，以做好辅助研究工作。学科馆员也可以自学一部分学科课程内容，结合图书馆员的专业知识，提升工作效率与学科服务能力。将慕课嵌入高校图书馆学科服务，试图找到一个馆员为教师教学和研究提供学科服务的小窗口，为新信息环境下赋予学科服务新活力提供一些思考，当然馆员也将面临更多的挑战，期望进一步通过实践开展相关研究。

七、慕课背景下高校人才的信息素养教育

目前，我国高校慕课的建设步入稳定发展的阶段，但高校人才的信息素养教育仍未受到足够关注与重视，开设学生信息素养系列慕课是大势所趋。

（一）慕课与高校发展

慕课的问世与开放课件、开放教育资源有着密切的关系。可以说，慕课是在开放课件的热潮与开放教育资源运动的背景下出现的。

2000 年，美国麻省理工学院提出"MIT 开放课件计划"，计划把该校所有的课程资料放到互联网上提供免费利用。2002 年，该开放课件网站建成，该计划的提出与实施，不仅为师生提供了丰富的数字课程资源，向全世界宣传推广了开放课件的理念，而且在全球范围内掀起了开放课件的热潮，进而引发了一场高校教育资源开放与共享运动。

2002 年 7 月，联合国教科文组织在法国巴黎举办"开放课件对发展中国家高校教育的影响"论坛，正式提出了"开放教育资源"（Open Education Resource，OER）这一概念，并对其内涵进行了界定：OER 是"通过信息通信技术为全社会成员提供的、开放的教育资源，这些资源允

许被进行非商业用途的咨询、利用和修改"。开放教育的核心是免费和开放共享，并能够在任何时候、任何地方为任何人增加获得教育和知识的机会。从此，OER 运动的浪潮席卷全球，得到国内外许多高校和其他机构的积极响应。

值得一提的是，2003 年 10 月，我国教育部批准成立了中国开放教育资源协会，旨在推进中美两国高校之间的紧密合作与资源共享，致力于引进国外大学的优秀课件、先进教学技术、教学手段等资源，同时将中国高校的优秀课件与文化精品推向世界，搭建国际教育资源交流与共享的平台。该协会成员包括北京交通大学、北京大学、清华大学、北京师范大学等 12 所高校。

成立于 2008 年的开放课件联盟是 OER 运动的成果。该联盟的成员包括来自 52 个国家和地区的 250 多所高校教育机构和相关组织，开放共享了超过 20 种语言的 1 万余门网络课程。该联盟致力于推进开放教育及其对全球教育的影响，力求通过扩大获得教育的机会来解决社会问题。近年来，随着慕课的发展，全世界各大名校纷纷建立了慕课建设平台。

（二）我国慕课发展的整体状况

中国的高校在 2013 年开始参与慕课建设。2013 年 1 月，中国香港地区的香港中文大学加入 Coursera 平台。4 月，中国香港地区的香港科技大学加入 Coursera 平台。5 月，北京大学、清华大学、中国香港地区的香港大学、中国香港地区的香港科技大学等 6 所亚洲大学宣布加入 edx。9 月，北京大学开设了 4 门慕课，并通过 edx 开始全球教学。

值得关注的是，除了中国香港地区的 12 门慕课全部是由 Coursera 和 edx 提供建设平台之外，中国有 50% 以上的慕课是在本土自主开发的平台上建设的，清华大学的全部慕课均是在其自主开发的"学堂在线"平台上建设的，上海交通大学的全部慕课也是在其自主开发的"好大学在线"平台上建设的。

中国高校的慕课从无到有、从少到多，步入稳定发展的阶段，并呈现出以下特点：一是中国的慕课主要集中在北京和华东两个地区；二是超过五成的课程均依托本土平台建设；三是中国台湾地区的慕课建设已经形成规模，发展迅速。

2011 年 11 月 9 日，作为教育部、财政部支持建设的中国高校教育课程资源共享平台，由高校教育出版社承办的"爱课程"网站正式开通，并推出了第一批 20 门"中国大学视频公开课"。2013 年 6 月 26 日，"爱课程"推出首批 120 门"中国大学资源共享课"。

（三）信息素养慕课建设现状

在对中国慕课建设现状进行调查的基础上，为了解国内外信息素养慕课的开设现状，通过网络调查方法对网站上提供的 20 多个慕课平台上的 1 万多门慕课进行调查发现，开设信息素养慕课数量最多的是美国；其次是英国；再次是中国、加拿大、荷兰和爱尔兰。有关数字素养和计算机素养的慕课数量最多，共 18 门，占 50%，这说明数字素养慕课受到了相当多的关注。

在美国开设的 20 多门慕课当中，有 4 门课程的名称含有"素养"，有关数字素养、计算机素养的有 13 门，有关科学素养的有 3 门，有关媒体素养的有 2 门。开设的机构除了 7 所高校之外，还有地方政府的教育部门、教育基金会、教育机构和商业机构，类型多样，这些非高校的机构所开设的慕课内容丰富，范围广泛，生动有趣。值得一提的是，由微软公司开设的"数字素养与信息技术技能"为系列课程，共有数字素养、计算机基础、计算机安全与隐私、数字生活方式、信息技术原理、因特网与生产计划、生产计划、因特网与万维网等，包括阿拉伯语和英语的子课程。

当前国内外信息素养慕课的建设尚处于起步阶段，呈现以下特点：一是欧美经济发达国家的信息素养慕课发展较为迅速；二是高校仍然是开设信息素养慕课的主体；三是内容主要集中在数字素养和计算机素养等领域；四是信息素养慕课数量少，参与机构不多。

（四）高校开设学生信息素养系列慕课

我国信息素质教育始于 20 世纪 80 年代，主要采用在全国高校开设"文献检索与利用课程"（全校公共选修课）的形式，对在校学生进行信息素质教育。尽管课程名称比较多，如信息获取与利用、信息检索与网络资源利用、现代信息查询与利用、文献信息检索等，但其课程的核心内容主要围绕文献检索的基础理论和基础知识、各科各类检索工具的基本原理及检索方法、主要数据库的利用、图书馆利用等。在进入信息社会的今天，该课程无论是形式还是内容均已过时，一方面无法适应社会发展和时代进步的需求；另一方面也无法满足学生对信息资源获取与利用以及其他信息素养相关知识的需求。

近年来，国外高校纷纷从开设传统的文献检索课改为开设信息素养课程，国内也有一些高校紧跟国际潮流，开始开设信息素养课程，如北京大学的"信息素养概论"、上海交通大学的"信息素养与实践"、深圳职业技术学院的"信息素养步进课程"、韶关学院的"大学生信息素养教育"等。

在高校开设学生信息素养课程，不仅能够培养学生的信息检索技能、图书馆素养、媒体素养、计算机素养、互联网素养、数字素养和研究素养等，而且能够培养学生对现代信息环境的理解能力、应变能力以及运用信息的自觉性、预见性和独立性，从而提高综合素质。随着国内外高校开设慕课热潮的到来，开设学生信息素养系列慕课不仅必要，而且已经是大势所趋。高校开设慕课教学意义如下：

第一，慕课的交互性能提升学生信息素养课程的教学效果。与传统的面授课程相比，慕课的形式多样，有大量穿插于慕课视频中的交互式练习。这些练习不仅能帮助学生及时理解并巩固所学的内容，而且能够激发他们的学习兴趣，鼓励和引导学生更加积极地学习与思考，使他们从被动学习转变为主动自主学习，大大提高了学习效果。与此同时，慕课的交互性也有利于进行信息素养课程的模拟检索操作。

第二，慕课的开放性有利于面向全校本科生甚至社会公众开设学生信息素养课程。开放性是慕课区别于以往其他网络课程的最大特点，而这种开放性特别适合开设作为全校公选课的信息素养课程，不仅因为学生都需要信息素养教育，而且因为社会公众也需要信息素养教育。因此，信息素养课程应该以慕课的形式同时面向在校学生和社会公众免费开放，使得更多的人有机会获得信息素养教育，提升自身的信息素养和综合素质。

第三，慕课的灵活性非常适合学生信息素养课程的模块化教学。由于学生有不同的学科专业，不同的学科专业对信息素养教育的需求各异，因此可分为人文社科、自然科学、理工、医学等四个模块，才能满足各个学科门类的需要。与此同时，还可以开发类似"插件和游戏"的模块，方便教师随时嵌入慕课当中，充分利用慕课的灵活性开展教学。

第四，慕课的互动性为信息素养课程中需要的多方互动与交流提供了有利条件。依托网络社区和社交网络进行互动交流是慕课的优势之一，它不仅可以开展学生与老师的互动交流，而且也可以进行学生之间的互动交流。学生可以围绕老师提出的问题进行交流和讨论，也可以开展基于网络社区学生群体的"同学互评"，既增强了学生的参与感，也促进了学生之间的相互学习。

八、慕课在高校教育教学中的应用

慕课在教学理念、教学设计、教学模式、教学评价等方面都有独特的优势，并将改变高校的教学机制。

（一）慕课资源的优势对传统教学的镜鉴

1. 教学理念——"自主学习"vs"接受学习"

现行的高校教育教学理念是"接受学习"，教师是教学的绝对主体，他们是知识的拥有者，以"传递高深学问"为己任，将教材上的知识以及自身所拥有的知识以自己最擅长的方式教给学生，"教"完全支配"学"。而慕课的教学理念是"自主学习"。它将学习的主动权交回给学生，允许学生根据自身知识、能力水平自主选择学习内容，自行把握学习进度，自主选择学习环境。一门慕课课程通常会持续几周至十几周，每周一次课，每次课一般几个小时，以事先录好的视频形式呈现。每次课程的视频又经过事先处理被划分为若干时长在 10 分钟左右的知识单元。这种设计的目的就是允许学生在学习过程中，根据自身的实际需要，自定学习步调，不必受传统教学的限制；允许学生根据自己的兴趣爱好选择学习自己感兴趣的内容；在学习环境方面，学生也可以自由选择在宿舍、教室、家庭等不同场所进行学习；在学习工具方面，学生可以选择台式电脑、笔记本电脑、手机等不同设备。由此可以看出，慕课所主张的是一种自觉、自愿、自立、自为、自律的学习，体现了"自主"的本质特征。

2. 教学设计——"技术性、便捷性"vs"工具性、烦琐性"

慕课的教学设计是技术性和便捷性的统一。以 edx 为例，其课程的教学设计包括两大阶段：前期阶段和核心阶段。前期阶段主要是对学习者需要、教学目标和教学内容进行分析。首先，根据学习者的职业、学习背景对其学习需求进行分析；其次，根据不同类型学习者的需要，确定不同类型的教学目标；最后，根据对学习者需要和教学目标的分析，确定教学内容，并将其科学地划分为若干个相对完整且相互关联的知识点。核心阶段则是对学习资源、教学活动、学习评价和学习支持的设计。对学习资源的设计主要就是对教学视频的设计，它包括对教学视频的制作、视频内容的设计等方面；对教学活动的设计主要是对学习者个体活动、生生互动、师生互动的设计；对学习者个体活动的设计就是根据学习者的兴趣合理设置小测验或试题库，对生生互动的设计是根据合作学习原理合理设置小组互评等形式的活动；对师生互动的设计则是以注重交互性为前提，设计线上师生问答互动、线下博客、微信互动讨论等；对学习评价的设计就是根据学习者需要、教学目标和教学内容对相关内容的测验、作业以及试题的设计；对学习支持的设计就是对学习资源、教学活动、学习评价等工作提供相应的技术支持。

3. 教学模式——"以学为本"vs"以授为本"

传统课堂教学模式是"以授为本"，这体现了教师对整个课堂教学活动的绝对控制。也就是说，教什么、怎么教和教多久都由教师决定，较少考虑学生自身的需要和想法，学生只能被动地接受。而慕课是将众多优质课程资源置于专门的网络课程平台，供学生根据自身的兴趣、爱好和需要自主选学。其规模之大、时空范围之广、开放程度之高是传统课堂教学无法比拟的，其核心就是强调"学"，体现了"以学为本"的特点。这种从"以授为本"到"以学为本"的转变，归根到底是由慕课自身的特点决定的。首先，慕课的大规模和开放性为学生的自主选学提供了可能，而慕课简便的操作方式、低廉的学习成本使得这种可能变成了现实。其次，慕课的可重复性为学生正式学习之后的温故知新创造了便利条件，学生可根据自身情况重复学习其认为重要的或必须掌握的内容。最后，慕课重视学生自身的体验和师生、生生之间的互动，有助于巩固学生的自主学习成果。体验是一种静态的自主学习，它突出的是学生对学习内容的独立认知和感悟；而互动是一种动态的自主学习，它突出的则是学生对学习内容的相互交流和碰撞。可以说，慕课是学生对学习内容的认知、感悟、交流和碰撞等的集合。因此，慕课的设计必须突出"以学为本"。

4. 教学评价——"重在评学"vs"重在评教"

高校现行的教学评价主要是对教师教学过程及结果的评价，对教学过程的评价重在对教师授课过程的评价，而对教学结果的评价则重在对教师授课结果的评价。概括地讲，现行教学评价重在评"教"。然而，教学是由"教"与"学"两方面组成的，只评"教"就容易忽视"学"，也就无法真实、全面地反映实际的教学状况。事实上，检验教学效果好坏的标准只有"学"。因此，如何科学合理、切实有效地检验学生的学习效果是开展教学评价的根本。而慕课正是从这一根本出发设计的。

（二）慕课资源融入高校教育教学机制

1. 采用混合式教学模式，改善教学资源

教师可以借助慕课平台获取备课所需各种资料，无须再受场限制；学生可以在任何一台互联网电脑上以在线注册的方式学习这些课程，享受全球教学资源，无须再受几百人共同上课的困扰，也不必再担心不能正常上实验课等问题。因此，将慕课融入传统教学，可以切实改善高校资源短缺的现状。具体做法是：课程开始前，教师将所授课程内容按课时划分后，上传至慕课平台，并给学生详细安排每节课的自学任务。然后，学生在每节课开始前自学慕课平台上的相关内容，并完成习题和小测验。

在学生自学期间，教师每周组织一次线下讨论课，安排学生针对自学过程中的疑难问题开展小组讨论；之后，教师再针对课程中的重点内容提出若干问题，由学生回答，并进行点评讲授。在这个过程中，教师只是一个引导者，在适当时候负责牵线，大多数时间都是学生发言。这种"自学、讨论、讲授"的混合式教学，是慕课资源嵌入高校教育教学较为理性的模式。

2. 实施"双师教学"项目，提升教师专业化水平

在慕课平台上，教师资源非常充足，且不乏许多世界知名高校的优秀教师，每一门课程均由1~2名优秀教师主讲，有的课程还配有2~3名负责线上课程测评及论坛区工作的课程助教和论坛助教。如此充足的教师资源是传统教学无法比拟的。慕课平台上的每一门课程，都可以供成百上千，乃至几万、几十万学生共同选择学习。因此，可以引入慕课平台上的优秀教师资源；对于一些慕课平台和高校共有的课程，高校可以尝试让全校学习同一门课程的学生在规定的时间内，在慕课平台上按要求自学该门课程的主要内容，并完成课程测评及讨论。之后由本校教师集中时间开展辅助教学，主要针对学生在慕课学习各环节中所遇到的问题进行及时解答。这样就形成了集高校与慕课平台教师资源于一体的"双师教学"。在慕课平台上，一方面学生可以在规定时间内完成课程的学习；另一方面教师也可以从优秀教师身上学到很多平时无法学到的知识、授课技能与方法等。可以看出，这种"双师教学"既是一种新型的远程教育教学模式，又是一种可行的教师资源共享途径，还是一种便捷的师资培训方式，可以使更多高校共享优质教师资源，从而促进其教学质量的提高，提升教师专业化水平。

3. 拓宽信息来源渠道，开阔师生视野

借助慕课平台，高校师生不需要进图书馆就可以学到丰富的知识；可以了解到国内外学术团队运作的基本情况，通过线上交流使线下学术合作成为可能；可以把握相关学科最新的研究进展和发展动态，还可以接触国内外先进的教育理念和教学方式。世界知名慕课平台之一的 edx，目

前拥有来自世界各地的 10 多万名学习者，可以在全世界任何地方学习哈佛大学的"古希腊英雄"、加利福尼亚大学的"幸福科学"、芝加哥大学的"城市教育中的关键问题"、北京大学的"化学与社会"、清华大学的"中国建筑史"等来自世界 100 多所名校的 300 多门课程，这些课程充分体现了相关领域最先进的思想观念、最丰富的研究手段、最多样的研究范式。因此，高校可以借助"双师教学"的运行方式有效利用慕课提供的信息，丰富课堂教学内容，拓宽信息来源渠道，开阔师生的视野。

4. 加强师生对外交流，提升高校国际化水平

慕课的到来给高校的对外交流也提供了极大的便利。教师不出校门就可以与国内外名校名师在线进行学术及思想的交流；学生借助电脑和网络，也能够与名校名师进行线上或线下的讨论交流。许多慕课课程都有极其富有生气的讨论区，国内外不同学校同一学科的教师之间可以针对所教内容中的重点、难点及最新研究动态进行线上交流；数以千计选择同一门课程的学生以他们特有的方式与教师、同学开展交流，如微博、微信、QQ 群等。通过不同形式的交流，达到共享学习内容、分享学习收获、共同感受学习乐趣的目的。高校可以以慕课平台作为拓展师生对外交流的起点，通过线上多次交流为线下交流奠定基础，使对外交流从线上最终延伸到线下。因此，高校可以借助慕课平台增强广大教师对外交流的意识，调动其积极性，并以慕课为中介，为广大教师提供线下的对外交流机会，不断开放线下对外交流渠道，最终提升其国际化水平和竞争力。

第五节　高校教育教学与微课研究

微课的兴起为课堂教学的革新提供了一条有效的途径，也对提升教育公平和质量、共享优秀的教育资源、满足学生的个性化需求、实现随时随地的学习提供了有力的保障。翻转课堂正是建立在微课的基础上对传统教学方式的一次变革。

一、高校微课教学模式

（一）翻转课堂

根据教育心理学相关的研究成果以及翻转课堂教学的实践，提出一个 OPIRTAS 翻转课堂教学法，作为教师在教学中应用翻转课堂一个可依据、可操作的模式。OPIRTAS 是英文单词 Objective、Preparation、Instructional Video、Review、Test、Activity、Summary 的缩写，分别表示实施翻转课堂的几个必要环节：教学目标、课前准备、教学视频、视频回顾、知识测试、活动探究以及总结提升。教师可以根据这几个步骤具体实施翻转课堂教学。下面对 OPIRTAS 翻转课堂教学法做出具体的阐述。

1. 确定教学目标（Objective）

为了帮助教师更容易地区分教学目标的种类，结合已有关于教育目标分类的理论以及翻转课堂教学模式的特点，我们认为大致可以把教学目标分为两大类：知识性目标和能力性目标。知识性目标属于初级目标，主要包括对知识的记忆和理解。能力性目标则属于高级目标，包括布卢姆教育目标分类中的应用、分析、评价、创造等高级认知目标以及情感态度、价值观、批判思维、自我认识、学会学习、沟通合作等能力和素养。

需要特别指出的是，这里的能力性目标除了包括通常意义上的能力（如应用能力、分析能力、沟通能力），还包括情感、品格、态度等内容，称之为素养性目标可能更为合适。但是这里为了方便教师的理解和操作，并与知识性目标相对应，我们统一把这些素养称为能力性目标。知识性目标是最基础的教育目标，脱离了知识性目标，能力的培养就失去了基础。但只满足于知识性目标是远远不够的，教师需要在知识性目标的基础上进一步发展学生各方面的能力和素质，才能培养出符合社会和时代发展要求的人才。

把教学目标分为知识性和能力性目标两大类，与学者彭明辉和马顿等人对教学目标的分类有相通之处。彭明辉和马顿把教学目标分为直接目标和间接目标两种，直接教学目标是指学习的内容性知识，比如化学反应率、经济学的供应和需求；间接教学目标是指学生通过学习内容性知识能够发展的能力，比如通过实验计算某种化学反应的反应率，或者能够使用供需的同时变化来解释某种商品市场价格的变化。这种分类的直接教学目标类似我们的知识性目标，而间接教学目标则类似能力性目标。

把教学目标分为知识性和能力性目标两大类，可以帮助教师比较直观地分析教学目标并应用于教学设计之中。对教学目标的分类是跨学科和年级的，我们认为对于任何学科和层次的教学，都可以分为知识性和能力性这两类目标，教师要根据具体教学实际设计这两类目标，以保障教学的有效实施。知识性和能力性目标的分类还符合翻转课堂教学模式的特点。总的来说，翻转课堂的课前、线上、课外自学部分主要是围绕着知识性目标展开的。而翻转课堂的课中、线下、课内集体学习部分则主要是围绕着能力性目标展开的，因此明确两类教学目标对于后面开展翻转课堂各环节的教学具有统领作用。

应该认识到的是，对教师的工作和价值来说，知识性的教学是相对比较容易被代替的，或者说不是教师的主要价值所在。今天信息社会区别于以往社会的一个重要特征就是知识的获取十分便捷，教师不再是知识的唯一来源，甚至也将不是主要来源。当前网络上具有各种丰富的资源、搜索引擎，甚至包括慕课、可汗学院在内的各种优质教育资源，都可以成为学生获取知识的重要来源。可以说，每位高校教师在学校所教的课程，基本上都可以在网络上找到相应的慕课资源。而且这些慕课课程都是名校（比如哈佛大学、麻省理工学院、斯坦福大学）名教授精心制作的课程。从知识的角度，这些慕课和知名教授是学科知识的代表，比大多数教师更具权威性、系统性及准确性，完全可以取代教师成为学生获取知识的途径。未来随着人工智能技术的发展，人类在知识教学上的优势将荡然无存了，人工智能完全可能成为一个比人类更好的教知识的老师，这是大势所趋。

相对于知识性的教学目标来说，能力性的教学目标是人类教师的独特优势。能力性目标涉及人类情感、创造力、沟通、合作这些人类所特有的品质，是人工智能所不具备的。因此，未来教师的主要工作和价值应该体现在对学生能力性目标的培养上。

明确教学目标是成功实施翻转课堂教学的首要环节和先决条件。翻转课堂教学不满足于只是完成知识性的目标，而是更加注重能力性目标。知识性目标基本上可以通过视频让学生在课前自学完成，实体课堂则主要被用来发展学生的能力。

2.课前准备活动（Preparation）

课前准备活动主要有以下两种作用：

第一，提高学生学习的兴趣和目的性。认知目标是形成学生学习动机的一个关键因素，个体只有对未来的学习目标产生期待时，才会发生有意义的学习。研究表明，学习的过程往往是从整体到部分的过程，学生了解了学习的总体目标之后，再进行分解学习的时候就会更有方向性和目的性，学习效果也会更好。在实际教学中，教师要通过课前准备活动先让学生明确学习目的，使其对未来的学习结果产生一种积极的期待。如果教师通过课前导入活动，在正式教学之前告诉学生本次学习的目的和作用，那么就能够激发学生学习的兴趣，并让他们的学习具有指向性。

第二，课前准备能为之后的视频学习打下良好的基础。在教学形式的顺序上，翻转课堂和传统课堂还是一样，都是先讲后练的顺序，并没有进行翻转。教师的讲授是需要一定的时机、条件或基础的，讲授要发挥作用需要学生具备一定的先前知识，学生在努力思考、探索、挣扎过某个问题或情境之后能更好地理解讲授的内容。虽然学生在接受讲授之前进行的问题解决和探索可能是不成功、不正确的，但是这种尝试有利于图式编码和整合，能够帮助学生认识到自身先前知识的不足，还能通过对比正误解法来让学生注意到学习的关键特征，从而为之后接受教师系统地讲授打下必要的知识基础。

那么，什么样的活动能够帮助学生形成必要的先前知识，为下一步接受讲授打好基础呢？国外学者施瓦兹和布兰斯福德建议可以通过让学生对比相关概念或原理的多重样例，来帮助学生注意并理解样例之间的区别，发现知识的结构性特征，从而发展出辨别性知识。这些辨别性知识是理解之后系统讲授的重要基础。学者卡普尔提出有益性挫败理论，他建议在直接讲授之前让学生先进行探索性的问题解决，让学生使用已有知识探索问题的解法，有助于图式建构，投入更多的认知资源，发现不平衡并意识到自身先前知识的有限性。学生还可以通过对比不同解法的异同，来发现新知识的关键特征并更好地进行编码。我们基于变易理论的研究成果发现，对比学习对象的多重样例能够帮助学生审辨出学习的关键特征，这些审辨出来的关键特征为之后的系统讲授奠定了基础。我们还进一步提出对比、分离、类化、融合四种变与不变的范式用来指导多重样例的设计。多重样例之间应该变化一个关键特征——让学生首先单独审辨出这个变化的特征。在学生单独审辨出多个特征之后，再让学生对比同时变化多个关键特征的多重样例。

在学生正式学习教学视频之前，先通过相关的探究活动让学生进行适当的学习和探索，激发学生的学习兴趣，并准备好必要的先前知识。课前准备活动可以让学生带着兴趣和疑问进入视频的学习，能够显著改善视频教学的效果。

3. 课前教学视频（Instructional Video）

在完成课前准备活动之后，学生需要在课前自学教学视频。翻转课堂的教学视频可以是教师自己录制，也可以使用他人录制的视频。教学视频形式可以多样，内容主要反映的是教师在传统课堂中的讲授部分，视频学习部分主要对应的是前面制定的知识性的教学目标。

目标的实现并不需要在实体课堂中接受教师的实时现场指导，或者与同伴进行互动合作。高校学生通过自学教学视频就可以在很大程度上完成对知识的记忆和理解。此外，在这个环节还可以充分利用信息技术和多媒体的优势，让整个知识的教学过程更加有趣、生动、高效率。从知识性的目标来说，一个制作良好的教学视频或者在线课程，其教学效果可以达到甚至超过教师在实体课堂的讲授。即使是一个质量一般的教学视频也能在很大程度上完成知识的记忆和理解目标。

4. 课堂视频回顾（Review）

学生完成线上视频学习之后，就进入了线下实体课堂进行学习。通过教学视频，翻转课堂把知识的学习移出到课外，大量的课堂时间可以被用来进行问题解决、合作探究等活动。有些教师可能会在线下上课的时候，马上对学生呈现的问题进行解答或布置活动进行探究。但是根据我们的实际教学经验，我们建议在实际开展课堂活动之前，教师应该首先简要回顾一下课前教学视频的内容。这是因为一开始上课就直接让学生回答问题，会显得比较突兀，学生也会难以适应，难以营造良好的课堂氛围。有研究表明，学生在上课之初往往需要 3~5 分钟才能静下心来，短暂的过渡之后精神才会非常集中，注意力才会高度专注。此外，学生虽然已经在课前完成对视频的学习，但是视频学习时间距离上课已经过去几天时间，学生一时可能难以迅速回想起视频的内容，尚未从心理上完全做好准备，这时候马上做题、考试，会引起学生心理上的抵触。

线下课堂首先起始于对课前视频的知识回顾，视频回顾不是对视频知识的重新讲解和详细分析，而是提纲挈领地帮助学生回顾内容，把握知识结构。学生课前如果没有学习视频，仅仅是通过短时间的视频回顾是无法完全掌握知识的；如果课前已经完成视频学习，视频回顾则可以帮助他们迅速唤醒记忆，把思维集中到课堂的主题上，为课堂之后进行的问题解决和探究活动打好认知基础。

5. 课堂知识测试（Test）

教师带领学生回顾完视频之后，就进入了课堂知识测试部分。翻转课堂的先驱伯格曼和萨姆斯最早使用翻转课堂进行教学改革的时候，就是在课堂上让学生在教师的监督和指导下完成家庭作业的。教师通过作业考查学生课前视频的学习和掌握情况，然后针对学生在做作业中出现的问题进行指导和讲解。测试就是教师通过提前设计好的问题来考查学生课前对视频内容的学习效果，主要还是针对知识性的教学目标。课堂知识测试环节有以下两个目的：

第一，检查学生课前是否观看了视频。很多教师在实施翻转课堂的时候，都会担心学生课前没有提前观看视频，导致无法有效参与课堂活动。因此，为了检查学生课前是否观看了视频，教师上课时可以设计一些比较简单的题目，考查事实性信息。学生如果在课前提前观看了视频一般都能正确回答，如果没有提前观看视频则无法正确回答。通过这部分问题，教师可以发现那些没有提前观看视频的学生。学生只要观看了视频，就可以正确回答题目。回答错误的学生，基本上可以认为是没有提前观看视频。

第二，课堂知识测试的目的是检查学生课前是否看懂了视频。课堂测试的主要目的是检测课前视频的学习效果，虽然我们预期学生通过自学教学视频能够完成大部分的知识性目标，但需要承认，学生只是学习视频可能还无法完全掌握一些教学难点。因此，教师需要在课堂上有针对性地设计一些比较难的问题，用来检测学生是否真正掌握了该教学难点。教师可以根据学生对问题解决的情况，决定怎样进行相应的讲解。如果大部分学生的回答正确，教师可以略过不讲；如果很多学生的回答错误，则表明课前视频的教学效果不好，教师就需要仔细分析学生的错误，并进行有针对性的讲解，学生课堂问题的回答情况将被计入课程总分。

在这个环节中，教师需要及时掌握学生问题的回答情况，才能决定是否进行指导、指导什么、指导多少、怎样指导。教师可以利用一些信息化互动工具来实现这一点，这些工具可以帮助师生实现课堂测试的即时互动和反馈，提高教学效果。

6. 课堂活动探究（Activity）

课堂测试之后，就进入例如课堂活动探究部分，教师需要设计相关的课堂教学活动以完成前面制定的能动性的教学目标。大量的课堂时间可以用来互动、探究、问题解决和个别化指导，进行高水平的认知活动（应用、分析、评价和创造）。如何有效利用这些上课时间创设有意义的学习活动，让学生深层次参与课堂学习中，就成为翻转课堂能否有效实施的关键。

教师要根据具体的教学目标，综合使用问题解决、合作、辩论、汇报、角色扮演、实地考察等多种形式设计课堂活动。教师在设计课堂活动的时候要注意与基于问题的学习、基于项目的学习、基于游戏的学习、同伴教学案例教学等比较成熟的学习模式结合起来。这几种教学模式都强调以学生为中心进行合作、探究、互动，因此可以与翻转课堂做到无缝对接。在使用这些模式的时候，教师要注意具体的操作原则和使用方法，使得活动向深层次探究，从而有效地实现教学目标。这需要一个借鉴、学习、实践、反思、改进和提高的过程。

除了应用一些成熟有效的教学模式和方法设计课堂活动，教师还应该帮助学生改变学习的观念和习惯。教师需要为学生搭建脚手架，教给学生讨论和合作学习的技巧，有效支持学生进行学习。学生需要学会如何准确地表达自己的观点、倾听他人的思想、回答问题或辩驳他人的观点。在自主学习方面，教师应该在学期初就告诉学生为什么改变学习模式、怎样改变学习模式，向学生分享好的案例，设计适合自学的任务单，提供多样化的自学资源，利用网络实现学生之间的问答互动，要求学生依照任务完成单自我核对和评价自学成果，给自主学习环节合理的课程分数，上课开始时进行一个小的阅读测验等。

教师应该加强教学法的学习，尤其是对这些比较成熟的教学模式和方法的学习和应用，这将成为教师一项必备的能力。随着未来技术的发展，教学的知识性目标基本上可以被技术所取代，教师将真正成为学生"灵魂的工程师"。未来优秀的教师将是会用、善用技术者，把技术能够完成的任务交给技术，自己则通过组织教学活动培养学生的能力，在人类擅长的合作、情感、沟通等领域发挥重要作用。

7. 课堂总结提升（Summary）

在完成课堂测试和活动探究之后，教师需要对整个教学过程和内容进行总结，提升学生的学习和认识。学生从最初的课前准备活动，到学习各种教学视频，再到课堂回答问题，进行活动探究，整个学习内容丰富、时间较长，对很多学生来说，可能无法完全把握住重点。因此，教师最后需要进行适当的总结、归纳和提升，帮助学生提炼出最核心的学习内容，以形成完整的认识。此外，教师也可以利用课堂最后的时间开始下一个

OPIRTAS 教学循环，进行下一次课的课前准备和导入活动，引起学生的学习兴趣，或者布置课前探究活动，为下一次的视频学习做好准备。至此，整个 OPIRTAS 翻转课堂教学的闭环形成。

OPIRTAS 翻转课堂教学模式从教学目标的确定，到课前准备活动、课前教学视频、课堂视频回顾、课堂知识测试、课堂活动探究、课堂总结提升，包括课前课中课后、线上线下、课内课外、知识能力不同维度。该模式为教师在教学中实施翻转课堂教学提供了实际可行的指导，可操作性强。其每个环节都有相应的教学心理学的研究成果作为支撑，设计非常合理。

（二）知识微课

知识微课是指以通用知识技能为主，每节微课围绕一个知识点展开的微课形式。知识微课又分为知识类面授微课和知识类电子微课两种模式。

知识微课主要用来传授通用原理、方法、工具等，是学生需要掌握的基础知识和基础技能的应用。这些知识需要学习者自己根据实际的场景进行转化和应用。知识微课开发者需要系统化的理论知识和丰富的教学设计能力，因此更加适合教授、咨询顾问、培训讲师来开发。

（三）情境微课

情境微课是指根据特定的环境、任务、场景展开的微课教学活动。情境微课分为情境类电子微课和情境类面授微课。

1. 情境微课的价值

第一，情境微课是针对具体工作场景，尤其是挑战性场景和痛点场景开发的。这些场景能够与企业业务改善需求快速对接，也符合学习者改善工作方法和提升绩效的需要。

第二，萃取教授头脑内的隐性知识转变成组织经验并快速复制推广，是高校教育教学的一种重要手段。情境微课开发提供了这样一种载体：通过聚焦特定情境和问题，借助教授丰富的实战经验及反思总结，萃取高价值的知识，并通过课程实现转移。

第三，情境微课来自实际工作典型情境，与学习者遇到的问题和挑战一致，学习内容非常容易应用到实际工作中。

第四，情境微课需要多个教授结合实战经验进行深入讨论，萃取关键知识、梳理方法论、挖掘典型案例，这个过程同样是教授能力升华的过程；同时，课程设计或课程面授也提高了专家辅导能力，使具有丰富实践经验的教授成为"实践＋理论＋传承"三位一体的教授。

2. 应用领域

情境微课主要用来传授特定任务，在场景中需要的整合性知识、技巧，学习者可以直接模仿和借鉴，容易转化和应用。这就要求情境微课开发者有丰富的实践经验，能结合特定情境中的挑战点、痛点、难点提炼出有针对性的知识，因此适合有专业知识的教授开发。

3. 情境微课的开发模式

在情境微课开发过程中，企业一般会采取两种模式。

第一，个人经验分享式。常见模式是专家案例分享课程，这种模式简单且易于操作。通常结合自身的典型案例进行个人复盘，总结经验教训或方法窍门后，利用简单课件工具就可以制作完成。通过鼓励教师和更多人分享，经过简单制作就可以获得大量微课。尽管质量参差不齐，但是可以通过评价、点赞等机制，筛选出一批有水准的课程，然后进行深度萃取。

第二，组织经验萃取式。常见模式是组织一批教授或教师通过头脑风暴、焦点小组等多种形式对组织经验进行深度萃取，最终形成可以复制的策略、方法、工具、诀窍等，同时输出具有典范和对比效应的正反案例。

二、微课的开发制作

（一）微课的开发制作过程

微课的制作过程是一个较为复杂的系统工程，一般要经过前期的可行性分析、分析知识单元、确定序列结构、设计教学内容、设计教学交互、脚本编写、视频开发与制作、微课实施设计、反馈与优化等几个基本环节。

1. 可行性分析

微课的可行性研究是对微课开发进行技术性、科学性和实用性的论证。其基本任务是通过调查研究，综合论证一节微课在教学上是否实用和可靠，在学生学习上是否有需求，在经济上是否合理（制作成本和利用率），在开发过程中是否有技术和人才的保证。微课的可行性研究主要考查点有以下几个方面：

（1）微课开发在课程中的必要性

微课开发者需要对课程有全面的掌控，包括微课开发的内容和可利用性。合理确定哪些知识点必须开发微课，哪些知识点不宜开发微课。应选择有代表性、普遍性及关键知识作为微课的开发对象。

（2）微课对学习者的作用

分析学生的思维和认知特点，回答为什么该知识点会成为学生学习的难点或重点，分析微课表现什么内容和采用什么形式更能适合学生的微学习方式。

（3）微课开发的人才和技术保证

微课主要格式有视频、动画和音频。对于视频制作，需要有视频拍摄和后期制作；对于音频，需要音频制作和素材整合。因此，微课开发需要有掌握一定视音频制作技术的人才。

（4）微课的后期利用率预期

可行性研究还要考虑后期的利用率，要分析学生对该知识点的学习是否有较大的需求，明确需求量不大的知识点不适合制作微课。要考虑开发后微课是否具有较高的使用访问量，在课程教学中的地位是否举足轻重。要根据以往的教学经验给出预期的利用率，也可以通过网上问卷形式得出结论。

（5）微课开发的成本分析

微课开发的成本主要有脚本编写、视频拍摄、视频制作、3D制作、字幕制作、配音配乐等。但是，微课一般不使用高分辨率的视频格式，其目的是方便网络传输，所以对计算机等硬件要求不高，主要是软件技术的制作成本和人工费。

2.分析知识单元

知识单元是每节微课向学生展示的知识内容，分析知识单元是微课程设计的首要任务。知识单元的设计要符合教学目标，所以分析知识单元分为两个过程：分析教学目标和建立知识单元。

（1）分析教学目标

微课程的教学目标有两个层级：一般性目标和一般性目标指导下的详细目标。

一般目标分为三个维度：认知目标、情感目标、技能目标。以这三个维度为指导性目标，用于指导微课程类型。微课程可以按照目标的不同维度，分为认知型微课程、情感型微课程、技能型微课程。

（2）建立知识单元

建立知识单元包括两方面的含义：一是要梳理目标和知识单元的关系。知识单元的微小和单一的特点，决定了知识单元所能承载的目标不能太多、太复杂。二是我们通过分析教学目标，将教学目标组织成知识单元目标，其中不仅要有知识单元体量、难度上的考虑，也要考虑到是否需要设置成独立的知识单元，是否需要补充额外的知识单元。如果微课程作为课堂教学的辅助性资源，则不必每个知识单元都设计成微课。如果微课作为开放的课程补充，则要按需求增加大纲以外的内容。由此可见，从课程目标到微课程知识单元的过渡，同样需要按需设计和筛选。

同时，设计知识单元也需要坚持一定的理念。教材中的单元之间有很强的逻辑性和连续性，单元之间层层推进。但微课程里的知识单元不同于教材的单元，具有体量小、相对独立、半结构化、开放性、生成性的特点。相对独立的特点使微课程中的每一节课都可以被单独拿来学习，用以深化或拓展学生某一方面的知识、能力或情感。半结构化可以让微课更加灵活地适应教学内容，类型丰富多样。开放性让微课作为相对独立的单元，可以通过适当的接口，与其他微课形成或纵向或横向的联系。生成性则让微课不断优化、更新或维护，以适应日新月异的新知识环境。

3.确立序列结构

将知识单元分析出来后，需要组织成一定的序列结构。此处的结构化与微课程的半结构化所指不同，并不矛盾。微课程内部半结构化是指媒介微课程的结构，知识单元间的结构化能够更好地与教材知识体系相结合，让微课程更系统地为课程教学提供服务。同时确立序列结构时也要尽量保持完整性和灵活性相结合。完整性使得微课程具有完整的培养体系，照顾到大多数的学生，能够让普通学生通过连续学习，完成教学目标的要求。同时，灵活性也兼顾学生的个性化差异，在"完成微课程学习即达到相同水平"的前提下，让不同能力背景的学生可以有选择、有主次地学习。

一般依托教材开发微课程，知识单元的串行化比较简单。在分析出知识单元后，按照教材目标体系即可确立知识单元的序列结构。串行化过程可以自上向下逐步细化，从抽象到具体形成学习目标树，目标树的最底层枝叶为拥有具体目标的知识单元。

一些微课程整体或局部针对的教学内容并非教材内容，内容中各知识单元之间的关系复杂、凌乱或不清晰。当分析的各级教学目标不具有简单的分类学特征，或者其中的概念从属关系不太明确，也不属于某个操作过程或某个问题求解过程时，使用 ISM 解释结构模型分析法比较合适，包括以下几个操作步骤：抽取知识元素，确定教学子目标；确定各个子目标之间的直接关系，做出邻接矩阵；利用邻接矩阵求出教学目标形成关系图；利用关系图拆分成关系树；对关系树进行后续整理并取消重复项，以此来生成目标序列。求出的关系图即可用来完成知识单元串行化。

4.设计教学内容

设计教学内容主要包括课本内容设计、辅助内容设计，目的是形成微课程资源包。从教材分析中得到的知识单元内容，是单节微课的主题。教材内容的主要呈现方式是微视频，微视频依据不同的微课程类型，也会有一些不同的特点。

（1）主题设计

首先，微视频要依照知识单元的内容设计重难点。因为知识单元本身就是粒度比较小的知识点。一般情况下，一个知识单元只会包含 1~2 个重难点。其次，对于以知识掌握为主题的认知型微课程，微视频的重点就在于理解基本概念、基本原理，难点就在于对复杂概念和原理的掌握。以情感、态度和价值观培养为主题的情感型微课程，微视频应以学生情感体验为主，主题应该是与生活结合紧密的案例。通过对案例的展示和讲解，体现出教师对案例本身的情绪、态度、价值判断、理性思考，从而将价值观传达给学习者。技能型微课程的主题是展示技术动作、技术流程、操作标准、操作判断、应急处理等技能。例如，体操教学中的分动作讲解、实验课的操作流程和注意事项、防火防震技巧讲解等。

一节微课程不会只包含一种维度的培养目标，可能包含两种或三种维度，我们称之为混合型微课。这种微课的主题设计，首先要分清培养目标的主次；其次要依据主次，对微课进行灵活的混合式设计。

（2）过程设计

微视频是课堂教学的浓缩再现，其过程简洁而完整，整体时间约为10分钟，最长不宜超过15分钟。在这简短的时间内，要完成课题引入、内容讲解、总结收尾等过程，必须要求节奏适宜、不拖泥带水。

第一，快速引入课题。迅速地接入主题内容，给学习者搭建环境或脚手架，可以更好地开展课程学习。课程可以以开门见山的方式，或者从一个有趣的故事、一道问题求解、一段悬念入手，让学习者迅速产生兴趣，了解本课程所授知识点的内容。微课导引部分要求切入主题的方式力求新颖和引人注目，此部分时间不宜过长，半分钟到一分半钟即可。

第二，内容讲解主干清晰，理论简而精。引入部分之后便是内容讲解，依照知识单元的内容要求、课程培养目标、微课类型特点展开主题讲解。讲解时主线要明确，主干突出且逻辑严谨，学习者不产生新的疑问。去掉可有可无的举例、证明，案例尽量精且简，力求论据准确和有力。内容主干的讲解形式应该多样，依据课程知识点的特点，可以用问题启发式、案例讲解式、故事隐喻、正反对比等技巧，在短短几分钟的讲解中，吸引学生保持注意力。

第三，总结收尾快捷。总结作为内容讲解后迅速开展的一项重要工作，可以帮助学生梳理脉络、查缺补漏、加深记忆，也给学生一定的时间吸收新知识，与已有的知识经验相结合。好的总结往往一针见血、富有特色、简洁新颖，在课程中起到画龙点睛的作用。

第四，提供测试题和布置作业。总结后提供经典例题的讲解，抽象的理论需要实践经验的基础。这一部分，可以让学生在解决问题的过程中将内容讲解和总结过程中不能完全消化的部分再次加工和认知。这部分是否存在或具体比重，可以根据实际情况而定。教师可以通过布置作业，让学生课下练习。利用云端一体化平台，师生的作业检查、讲解、答疑等过程均可以延续。

（3）教学语言设计

在微视频的拍摄过程中，由于节奏较快，教师往往不能很好地控制讲解时间，所以提前设计好解说词、讲解结构就尤其必要。教学语言力求精简、明确，富有感染力，最好多用手势、表情。对于重点和难点内容，将关键词提取出来，在实际讲解中要紧密联系关键词逐条展开。

在认知型微课程的教学中，教学语言要注重对关键词、关键原理的复述。依照认知心理学原理，短时记忆经过精细复述可以转化为比较牢靠的长时记忆。在情感型微课程的教学中，要注意用词恰当，将语言的情感与课程情感态度培养方向调整一致，用富有感染力的语言向学习者传达思想和价值观。在技能型微课程中，教师的操作动作与语言紧密结合，教学语言要客观明确，准确客观地描述每一个动作和步骤。

（4）辅助内容设计

微视频是微课程的核心资源，除此之外还应有辅助性内容资源支撑和完善课程。辅助内容从微视频的内容关系上可分为支持性内容、外延性内容、平行性内容。这些辅助性资源，可以以视频、图文、链接等方式给出。

支持性内容就是对课程内容本身的知识点进行逻辑支持、例证支持、基础理论支持、经典问题解决过程支持的支撑性材料。因为微视频时间较短，例证部分、例题讲解部分也力求精简，所以有些内容可以作为支持性内容存放在微课程资源包内。

外延性内容是与课程内容紧密相关的延展性知识。依照最近发展区理论和个性化学习理论，学生在完成课程内容主题学习以后，可以对自己感兴趣的知识进行广度和深度上的进一步探寻。这种探寻基于兴趣、情感等内驱力，效果极佳。同时，通过外延性内容提供的接口，微课可以以超过课程结构的方式与其他微课产生联结。

平行性内容主要是与课程在逻辑深度上平行的知识点。这些知识点不存在于课本教材中，也不是根植于本微课内容的知识拓展或实践拓展，而是保有更强的独立性和开放性。

（5）设计教学交互

基于云平台的微课程，可以依托平台一体化的优势构建便捷、强大的师生交互。微课程建设的主题不应仅仅是资源建设，更应该将微课程的建设与平台建设相结合。

第一，学习专题设计。研究性学习是素质教育的一项重要内容，主要以学习专题的形式开展，培养学生创新意识和能力、学科间相互渗透的能力、合作的意识与能力。微课程的知识单元目标比较单一，在微课程实施过程中，可以以一节或几节微课程的主题为基础，提炼出一项研究性学习专题。微课平台提供了学习专题模块，该模块可以很好地承载学习专题的开展。

设计专题可以通过云平台通知模块发布专题任务通知，包括专题题目、专题目标、专题实施计划、学习小组分配、专题时间表、专题成果展示及验收评价等。专题题目基于一节微课程或几节围绕一个主题展开的微课程，具体表现形式为一个实际待解决的问题、一篇文献综述的要求、一次实验的设计等。

第二，教学问答设计。微课程教学方式以学生为中心构建资源环境，突出学生主体性、培养学生自主学习能力。但是就目前微课程实施状况看来，微课程师生互动存在不足。微课程可以利用云平台的教学问答系统，增强师生之间的互动。同时，针对问答系统出现人气不旺、提问积极性不高的情况，师生都要有意识地加强问答系统的使用积极性，发挥问答系统的价值。

第三，实践活动设计。微课程通常以微视频为核心，但其半结构化的特点使单节微课也可以有其他的组织形式。例如，有些以实践为目标的课程单元，需要开展教学活动才能更好地达成目标。微课程可以采用两种策略，一种是实践演示法、虚拟实践法，通过微视频对标准实践步骤、实践现象、实践要点、实践细节、评价标准等进行讲解或示范，或通过虚拟软件及课件让学生在虚拟环境下实践操作，如用 Flash 软件做虚拟化学实验。另一种是将微视频作为辅助资源，将活动方案作为当前微课的核心资源，微视频只作为活动范例展示活动要点。解释活动原理和合理性活动方案设计则要尽量精简，直指当前微课的目标。

（二）视频开发制作方式与工具使用

微视频开发制作方式灵活多样且技术入门门槛低，教师可以利用身边的工具进行微视频的制作。常见的微视频制作基本方式主要有利用电脑录屏软件录课、利用录像设备录课。

1.PPT+ 解说词 + 录课软件

第一，准备课程 PPT 和解说词。PPT 为画面的主要呈现方式，为教师提供授课逻辑与音画展示。PPT 要求尽量简洁、美观，切忌华而不实。PPT 设计应合理，单页内容不宜过多。学生在读取较难或内容较多的 PPT 时，如果需要经常暂停视频，那么虽然微课程时间长度被限制在 10 分钟左右，学生实际花费时间更长，这背离了微课程的初衷。教师不能直接把课堂 PPT 拿来用，需要适当修改。解说词最好提前做设计，不一定逐字逐句地设计，但一定要列好提纲、把握好重难点和分配一下时长。

第二，准备录课软件。电脑端录课软件常见的有 Camtasia Studio、屏幕录像大师、BB Flashback 等。这些软件功能强大，且操作简单，教师经过简单培训即可上手。录制视频的常见分辨率一般有 720×576、1024×768、1280×800，帧速率不超过 25fps，录制颜色最好设置为 16 位（bit），保存格式以常见的 mpg、wmv、avi 等为宜。

第三，后期剪辑。后期剪辑的目的主要是去掉录制时的错误内容、删掉重复内容及语病、修饰不清晰的音频、适当的特效包装技术等。微课程的剪辑区别于电影电视的节目剪辑，主要剪辑目标是清晰、完整地呈现教学内容。所以，微视频在画面取舍上不拘束于画面的连续与完美衔接，但要尽量保证授课过程流畅，不产生歧义。

2. 绘图板 + 电子白板软件 + 解说词 + 录课软件

该方案在录课软件和后期剪辑环节要求与方案基本一致，其特点是主要呈现工具为绘图板。绘图板结合电脑端的绘图软件或电子白板软件，教师可以实现手写教学板书的功能。常见的绘图软件或电子白板软件有photoshop、painter、Eduffice 等，教师可以经过短期培训，快速掌握与课程相关的软件操作技巧。这种方案非常有利于推理证明过程和复杂关系的呈现，教师自由度高且类似于课堂黑板板书。一些图片、音频、视频、实物等教学元素，可以在录课过程中借助其他软件呈现，也可以放置到后期进行剪辑。

3. 纸笔 / 电子白板 / 液晶屏幕 / 抠像技术 + 摄像机

这种方案成本较高，制作周期也较长，适合在学校有计划、有目的的微课程建设中开展。电子白板、交互式液晶屏有极强的交互特性，可以直接持笔书写，展示多媒体文件，是比较理想的展示平台，但是成本比较高。投影仪和液晶屏幕可以用来呈现 PPS、多媒体文件，成本相对低廉。也可以利用抠像技术，制作人员在绿背景或蓝背景下先前期采集，然后利用后期软件去掉背景色，添加动态背景、知识要点、音画资源。摄像机采用单机位即可，拍摄过程由专门的拍摄人员负责，教师可以不用理会具体参数细节。

4. 课堂实录 + 双机位

课堂实录一般有很强的即视感，师生互动比较多，容易让观看微视频的学生产生身临其境的体验。同时，真实课堂上教师细小的肢体语言和表情都会被记录下来，现场录制可以让学生获得更多隐性信息。课堂实录的优势在于记录了师生互动，所以如果只有单机位就会很难操控，建议采用双机位录制，同步录制教师讲解和学生学习提问。同时，这种微视频制作方式可以是录制现实的课堂环境，也可以是录制专门搭建的微课程环境。

三、微课平台建设

（一）微课平台的构建

1. 页面风格设计

微课网站界面的设计应当以简洁、美观为主，色彩、文字、图片、视频的使用风格要统一，排列清晰有序。网站页面以浅色为主，营造轻松、舒适的页面感受。

2. 系统功能结构的建立

网站功能模块主要包括网站帮助系统、资源中心、论坛、检索系统、后台管理五大模块。

网站的帮助系统主要包括网站使用说明、资源上传规范说明、留言板和论坛板块使用说明，同时提供系统留言板，支持匿名留言，解答用户使用中的疑难问题，帮助系统和用户有效操作微课资源网站。

微课资源中心是微课资源网站建设的核心。对资源中心的资源分类依据课程进行划分，这样有助于用户迅速查找相关课程资源。同时，在论坛模块以同样的方式划分论坛板块，与资源中心相呼应，并将注册用户的操作信息同步发布。例如，在资源中心上传资源后，会在论坛相应板块自动发布一条带有超级链接的该用户上传资源的帖子；推荐与评价功能，同时通过设置注册用户的角色信息，实现对注册用户的个性化资源推送功能。

资源的功能如下：①资源订阅功能，通过 XML 语言实现资源库对不同需求的注册用户个性化推送。一旦网络上传了用户订阅的偏好资源，系统即可以短信、邮件的形式直接向用户推送该资源。②资源收藏功能为注册用户提供网络在线资源收藏功能。用户对自己上传、下载或喜爱的资源，可以直接分类保存在用户网络收藏夹中，以便用户管理自己的学习资源。③资源的检索功能分为分类检索和综合检索。分类检索是用户可以依据资源的专业、年级、学院属性直接进行检索；综合检索中，可以实现以标题、关键字、专业和作者等数据的核心资源属性进行检索。④资源评价功能可以实现用户对微课资源的评分、评论，评分结果计入系统推荐功能模块，在首页实现对资源的评分排序推荐。⑤论坛功能为用户提供交流的平台，论坛板块分类与资源中心的资源分类同步，当资源中心注册用户上传相关资源后，在论坛相应板块也会直接新建帖子，提供该上传资源的链接地址。同时，论坛可以实现与 QQ 账号绑定，个人发言信息可以在微博同步广播。注册教师用户可以根据教学的需求，向管理员申请新建课程讨论板块，在板块内讨论的内容，教师有权进行审查、删除。⑥后台管理模块可以对网站的所有上传资源、论坛、网站注册用户进行管理，并且可以实现对注册用户网络学习行为的统计，包括注册用户在线时长、发帖频率、资源上传与下载频率等，并以报表的形式呈现给后台管理员。在网站管理模块中，管理人员的角色划分为网站管理员、教师、学生三个不同权限的组。

（二）用户角色权限的建设

根据微课网站的使用对象，将网站用户分为四类，即教师、学生、匿名用户、网站管理员，具体权限如下：

第一，匿名用户权限包括检索、查询、获取资源，可以对访问的资源进行留言评价，还可以通过网站留言板获得支持。

第二，学生注册用户除了拥有匿名用户的权限外，还拥有以下权限：①资源管理权限。资源的上传与下载，对自己上传的资源进行再编辑，包括查看、删除、修改；对喜爱的资源进行收藏、订阅。②论坛权限。用户基本信息维护，参与论坛讨论，申请加入特定教师课程讨论组，向论坛注册用户发送站内短消息，留言板块留言。

第三，教师注册用户除了拥有学生用户的所有权限之外，在资源与论坛权限方面还拥有以下特权：①资源管理权限。教师可以对相关类目下的微课资源进行管理，包括对该网站相关资源进行查看、删除、修改、上传与评价。②论坛权限。教师有权申请设立独立的课程讨论板块，并有权新建用户组，对该用户组学生用户进行管理。例如，教师能够为新建用户组的学生发放学习资料、发送群组消息、推荐资源、管理组内学生上传内容、查看学生网络学习行为的统计信息，包括学生上网时长、逗留板块、发言频次等。

第四，网站管理员对用户的管理包括添加、删除、修改学生和教师用户的信息与权限。对网站资源的管理，包括对资源入库的审核，资源的编辑、删除；对论坛的全面管理，包括帖子审核、屏蔽、删除、修改；同时也可以查看整个网站注册用户的网络行为统计信息（包括登录次数、在线时长、发言频次、登录板块分布等）。

（三）微课网站运行流程

教师可以充分使用微课网站辅助课堂教学，在课堂教学开始之前，教师可以首先通过微课资源网站发布课程相关信息，包括使用论坛专属板块、教师个人微博、邮件推送等方式，向班级学生提供课程资料（包括微课视频、教学课件、讲稿等）布置课程任务、提出讨论主题，学生及时参与互动，自由上传搜集来的各种课程相关资源，由教师审核后发布至网站，为课堂教学的展开打好基础。在课堂教学过程中，学生依据自学的网络课程资源与讨论主题，在课堂上与教师展开互动，依据网站平台的学生网络学习行为统计信息，对已经参与网络学习讨论的学生，直接回答其学习疑惑；对未进行网络学习的学生，引入新课，讲解要点，布置任务，督促学习，有针对性地区别辅导。课后，再次通过微课资源网站，汇总讨论问题，上传新课任务。

学生在课前通过微课资源网站及微博、邮件等方式，自主学习教师布置的新课任务，收集学习各类课程相关资源，并将自己认为较好的资源上传至微课网站，提交教师审核。同时整理学习疑问，在课堂上集中与教师和同学讨论，课后再通过微课资源网站发帖或向教师发邮件解决遗留问题，接收教师新课内容，开始下一单元的学习。

四、高校微课教学实践活动的应用

（一）微课在教学实践活动中应用的原则

微课是借助先进的信息技术和网络平台实现的，其积极作用不能低估。它表现在优质资源共享和自学的灵活性上。

1. 吸引原则

教师所开发的微课要能对消费者——学生形成一定的吸引力。要想让微课成为资源建设的一支生力军，作为微课开发者，一定要站在学生的角度来下功夫。这方面可以从微课的易学性和趣味性上做文章，所开发的微课应该使消费者流连忘返，教师要放下开发者的骄傲姿态，使得开发的微课符合学生的认知特点。只有消费者不停地反复点击观看，才能发挥出这种学习资源的效力，使学习者满载而归。

2. 效用原则

教师开发的微课要在保证微小的前提下，使学生觉得这些微小的学习资源有用。微课开发者不要在一些没有教育或者学习价值，但是做起来表面漂亮的资源上做文章——这是一切微课都要参照的原则。

3. 灵活原则

微课被引入课程教学的过程中，可以是在课前、课中或者课后等节点灵活应用。在课前，学生个体自主学习微课，预先了解授课内容，便于师生在课堂上探讨问题，直至学习者掌握该知识点或技能。在课中应用微课，教师将微课当作纯粹的教学资源。在教学需要时，集中播放给学生观看，帮助学生更加形象和直观地理解重难点知识。在课后应用微课，为学生提供可以反复学习的课程视频，保证每一个学生都能掌握课堂知识。这种方式能够帮助学生自主补习，反复学习，直到学会为止。

4. 反馈原则

微课开发、应用与交流共享之后，需要对微课程进行多元评价和微课程的教学与应用评价，为接下来微课程内容的设计与开发提供指导和参考意见。教育评价、多元评价等多种评价方法都可以用于微课程的评价，及时的评价与教学反思可以促进优秀微课的开发与共享。

（二）微课教学实践活动的标准

1.微课应符合课程教学大纲要求

微课内容要与教学内容匹配，反映教学重点、难点或关键知识点。微课要有一定的思想性、启发性和引导性，具有很好的辅助教学效果。微课要表述准确，无科学性、知识性、文字性错误。微课的教学目标不能超过教学大纲的要求，不能包括过多的教学内容，要符合课程要求及专业教学标准，符合学生认知能力和水平。微课整体设计要新颖且有创意，具有较大的推广价值。

2.微课应符合学习者的学习心理

微课应减少学生的学习时间，提高学生的学习信心和兴趣，创造良好的学习情境。微课的内容要难易适中、深入浅出，适于相应认知水平的学生；有利于激发学生学习热情，有利于学习理解，注重能力培养，注重学生的素质教育。微课应注重教学互动，能起到启发学生思考、激发学生主动学习的作用。

3.微课应表现教师的教学艺术和教学风格

教师教学语言规范、清晰、准确、简明。教师仪表得当，严守职业规范，能展现良好的教学风貌和个人魅力。微课教学应有创意，能充分表现教师的教学技能。

4.微课应提供完整的教学资源

除了微课本身要有主题明确的微课程名称、片头、内容、片尾、字幕等完整的媒体文件外，微课的开发者应提供教学设计、教学课件、学生作业等其他教学资源。

5.微课教学实践对多媒体的要求

（1）视频技术要求

微课一般采用流媒体格式。微课码流在128kbps~2Mbps、帧速≥25FPS，电脑屏幕颜色设置为16位。微课启动时间要短，片头设计一目了然，进入主题快捷。微课应插入一定的字幕，一是解决教师语言表达和视频表达的难点问题；二是用文字加强对学生知识的记忆。微课进程节奏要快，片头和片尾要简短，主题部分要丰满，镜头切换和"蒙太奇"手法运用合理。视频素材不应有抖动或镜头焦距不准的情况，镜头推拉要稳定，要保证主体的亮度。背景音乐和解说要清晰，解说要用普通话，音量和混响时间适当，音乐体裁与内容要协调。微课播放时要稳定性好、容错性好、安全性好、无意外中断、无链接错误。要使其操作方便、灵活、交互性强，人机界面简洁。

（2）动画技术要求

除与视频技术要求相似外，动画中的配色方案要协调，颜色不夸张，不暗淡。用二维空间表现得立体层次分明，进场和出场前后顺序不能颠倒，动画运动速度合理，视觉不应产生错觉。动画中的字幕规范，字号不宜过大或过小，字体运用合理，字幕不宜过多，以防干扰学生的注意力。动画所演示的概念、原理、结构及其他信息不应使学生理解错误或误会。动画设计应有必要的交互和链接，播放时尽量不用特殊的插件。

（3）课件技术要求

课件中文字大小应符合人体工程学的要求，文字配色要与课件配色方案相符合，每个幻灯片中的文字不宜过多，只能用提纲式的文字，不能用过多的文字来代替教学内容。图形或图像应采用 jpg、gif、png 等常用格式，彩色图像的颜色数不少于 256 色，对色彩要求较高的图像建议使用全真彩，灰度图像的灰度级不低于 128 级，合理使用照片和剪贴画，照片不宜占满屏幕。课件应尽可能利用图片、图表、表格、流程图、双向表、插画等。课件中动画效果不宜过多、过杂，以免转移学生的注意力。

（4）艺术性标准

微课界面布局要合理、新颖、活泼、有创意、整体风格统一、色彩搭配协调、效果好，符合视觉心理。在构图上要合理组织画面，合理分割画面，主体元素突出。在色彩设计上要处理好对比与协调、变化与统一的关系。颜色不宜过多、过杂，在统一的色调中寻求变化。文字要简明扼要，纲要突出，字体、字号和字形要与微课协调，不使用繁体字或变形字。视频拍摄的角度、视距和镜头推拉要合理，主体、光照条件和背景亮度要协调好。解说、背景音乐和音响效果要搭配好，并与视频或动画主体的时间合拍，不得相互干扰。

（三）微课应用的范围

1.适于教师在备课时借鉴学习

通过"微课"可以募集到许多优秀教师的讲课课件，这些优秀教师对课程标准的理解、对教材的分析、对课堂教学的设计是难得的课程资源。如果教师在备课时能学习、借鉴这些优秀资源，一方面可以提高个人的专业素养；另一方面可以直接借鉴学习，提高自己的教学水平。因为微视频不同于过去网上的课堂实录和优秀教案，它是以 PPT 课件的形式配以教师的讲解，对教师的备课能起到直接的启迪借鉴作用。

2.适于学生的课后复习

根据德国心理学家艾宾浩斯的遗忘规律，学生在课堂上学得再扎实，过后不复习也会遗忘。学生在复习时如果能够观看老师的微视频，会加深自己对教材的理解，会重现老师讲课的情景，激活记忆的细胞，提高复习的效果。所以，老师在课后可以把自己的微视频放到网络上，供学生复习时参考。

3.适于缺课学生的补课和异地学习

有些学生因病因事缺课，过后找老师补课，一是老师不可能有时间及时给学生补课；二是老师补课时也不会完全像在课堂上讲课那么具体。有了微视频，学生即使在外地，也可以通过网络下载老师的微课自学，及时补上所缺的课程，使"固定学习"变为"移动学习"。现在笔记本电脑、平板电脑、智能手机比较普遍，携带方便，这些设备都能实现这种移动学习。

4.适于假期学生的自学

学生每年的寒暑假时间都比较长，除了参加一些必要的社会实践活动外，有些学生会预习和复习课堂学习的内容。如果老师能够根据学生的需要事先录制一些"微课"帮助学生预习或复习，也能够提高学生的自学效果。当然，用于预习的视频要区别于教师讲课的视频。

（四）微课教学实践活动的策略

微课作为一种新事物，需要综合考虑学科特点、知识类型、学习者特征等影响因素，其在教学实践中的效果也需进一步探索。

1. 微课教学应突破传统教学

微课教学不必遵循传统教学线性的设计过程，它可以是一个动态的、网状的、循序渐进的、形散而神不散的教与学的过程。一个完美的教学过程应体现出控制性和释放性的统一。因此，微课应突破传统教学，做到教师教学与学生学习"学教并重"的统一步调，"以教师为主导，学生为主体"的"双主结合"，从而实现学生、教师、微课和技术四个实体要素动态交互的过程。

2. 微课教学应打破等同于微视频教学的思想偏见

有很多教育工作者片面地认为，微课等同于包含某个知识点或者教学环节的微视频。其实不然，微课不仅包含微视频，也包括音频及多媒体文件的形式，同时还包含与教学主题相关的教学设计、素材课件、教学反思、练习测试及学生反馈、教学点评等教学支持资源。微课在教学实践中，应注重的是利用信息技术手段与某个知识点或教学环节进行深度融合，而不是拘泥于信息技术媒介的外在表现形式。

3. 微课教学应注重时间与空间的连续与统一

微课为符合学习者的视觉驻留规律及其认知特点，将教学内容以片段化的方式呈现，虽有助于学习者的深度学习，但碎片化的知识给课堂内容的统一、系统化整合带来了巨大的挑战。因此，微课的设计并不是对课堂教学内容进行切割，而是对课程中所出现的重点、疑点、难点进行精心的信息化教学设计，确定好时间单元；在保持知识相对独立性的同时，又与实际教学内容的整体性相联系。此外，学习者应有效地使用教学支持工具，充分利用零散时间开展移动学习，做到课内正式学习与课外非正式学习的统一与连续。

4. 微课教学应实证应用于具体的教学情境

微课教学是否科学、应用效果如何，不是通过简单理论归因、专家评判就能得出的，而是需要将其应用到具体的教学情境中，对教与学的环境、条件、因素等各方面开展实证研究，才能更加科学、客观地设计、开发以及实施微课，从而提高学习者的学习效果。因此，微课教学应用要注意以下三个方面：

（1）要与常规课程相结合

微课是对重点、难点或某个知识的解释，是常规课程的有益补充，使用时必须与课程相结合。

（2）要与课程特色相结合

微课表现的内容必须体现课程的特色，用微课作为课程的名片。

（3）要与学生的学习兴趣相结合

将学生感兴趣、关注的知识内容用微课展示出来，这样才能吸引学生，获得好的学习效果。

在微课教学过程中，教师必须学习先进的教育理念，提升学科专业水平，强调以生为本的思想，掌握信息技术的手段。因此，针对微课教学，应注意以下要求：

第一，把握课程知识。微课的制作常常需要教师打破原有的知识结构和教学体系，重组教学内容，因此需要教师将教学内容烂熟于心，能够信手拈来，有高度的知识驾驭能力。

第二，谙熟教学技巧。怎样在很短的时间内将知识讲解清楚，这需要教师有非常娴熟的教学技巧，能够熟练运用各种教学工具与方法，掌握教学过程中的每一个环节。

第三，变革教学模式。在教学实践中使用微课，需要变革原有的教学模式，比如采取翻转课堂等方式，这样才能充分发挥微课的作用。因此，教师要有变革教学的勇气，敢于开展教学改革。

第四，了解学生需求。微课是以学生为主体体现学生的学习需求。因此，教师需要换位思考，充分理解和思考学生在学习过程中的各种问题与需要。

第五，追求教书育人。教师是园丁，不仅传播知识，还要教书育人。

微课可以将点滴的教育思想和为人处世的原则潜移默化地传播给学生，起到传统课堂说教达不到的效果。因此，教师在利用微课传递知识的同时，要尽量融入育人和文化内涵。

（五）微课教学实践活动的评价

1. 教学实践活动的评价方法

教学评价的方法是指评价者为了实现教学评价的目的所采用的活动方式、程序和手段，教学评价方法种类繁多，教学活动的每一方面，如教师的课堂教学、课外辅导、教学成绩，学生的学业成就、劳动技能、思想品德等，都需要有特定方法进行评价。下面将介绍教学评价中具有共性的、通用的一般方法。

（1）相对评价法

相对评价法是在评价对象的集合中选取一个或若干个作为基准，然后把各个评价对象与基准进行比较的评价方法。相对评价法的优点是适应性强、应用面广，不管这个团体状况如何，都可以进行比较，都能评出个体在集体中的相对位置。用建立在对象评价、对象群体测评基础之上的标准进行评价，发现个别差异，从而对被评个体做出较为客观、公正和确切的判断，有利于激发评价对象的竞争意识。相对评价法的缺点是评选出来的优秀者未必真正高水平、高质量，未被选上的也不一定水平低，所以容易降低客观标准。评价的结果所反映的只是评价对象在一定范围内的相对位置，不一定反映他们的实际水平，易忽视教育目标的完成情况。

（2）绝对评价法

绝对评价法是在被评价对象的集合以外确定一个客观标准，将评价对象与这一客观标准相比较，以判断其所处水平的评价方法。绝对评价的特点如下：①标准明确客观，与被评群体相对独立，而且在测量评价之前就已确定；②评价结论是通过将被评的实际水平与客观标准直接比较而得到的，不依赖被评所在群体的状态水平；③评价结果得分的分布情况，事先不做硬性规定，不强行把被评的距离拉开，不要求必须分出上、中、下的等级，而是希望达标者越多越好。

（3）个体差异评价法

个体差异评价法是以被评价对象自身某一时期的发展水平为标准，判断其发展状况的评价方法。

个体差异评价法最大的优点是充分体现了尊重个体差异的因材施教原则，并适当减轻了被评价对象的压力。但由于评价本身缺乏客观标准，不易给被评价对象提供明确的目标，难以发挥评价的应有功能。

（4）自我评价法

被评对象依据评价标准对自身所做的评定和价值判断称为自我评价。在教学评价中，学生对自己的思想品德、知识、能力、身体状况等方面的评价，教师对自己的教学思想、内容、方法、态度、效果等方面的评价，学校对自身的教学管理、教学质量的评价等方面的评价，都是自我评价在教学评价中的具体体现。

（5）外部评价法

外部评价又称他人评价，是指被评对象以外的组织或个人依据评价标准对被评者所实施的评价活动，它主要包括同学之间的评价、教师对学生的评价、教师间的评价、领导评价等。外部评价是教学评价的重要形式与方法。只有科学、客观地进行他评，才能更好地发挥教学评价的鉴定作用，更好地发挥其激励功能，促进被评者改进工作，健康发展。

2.微课教学实践活动的评价原则

根据教学评价的含义和方法，结合微课的功能与特征，应该在微课教学评价的原则上注意以下几个方面：

第一，科学性原则，主要包括：①基本概念、定理、定义、公式的描述准确，例证真实可靠；②分析、推理和论述严谨，实证步骤正确；③解说精确、术语规范、文字符号准确。

第二，教育性原则，主要包括：①符合教育方针，教学目标明确，对学习者掌握知识、发展能力起到促进作用；②理论联系实际，取材适当，有针对性，选题突出重点、突破难点；③符合教学原理和认知规律，分析推理深入浅出，富有启发性，形象直观，能使过于理性的知识感性化、抽象的知识形象化、枯燥的知识趣味化、深奥的知识通俗化;④形象生动,能充分调动学生的视觉、感觉、听觉等多种器官,便于学习和记忆,能有效提高学习的效率。

第三,实用性原则,主要包括:①操作简单,容错能力强,界面良好;②选题科学合理,内容选择恰当;③能够切实提高学习者的学习效率,有利于加强学生对知识的理解和掌握。

第四,艺术性原则,主要包括:①创意新颖,构思巧妙,节奏合理,具有表现力和感染力;②画面美观流畅,切换过渡自然,整体设计合理,画面突出主题,表达能力强;③声音清晰,无杂音,配合文字、图片,能调动人的各种感官。

第五,技术性原则,主要包括:①图像、声音、文本设计合理,画面清晰,字幕清楚;②声像同步,音量适当;③课程可以跨平台使用,安全可靠,不受错误操作影响,容错能力强,在不同配置的计算机上运行无障碍。

3. 微课教学实践活动的评价策略

由于微课评价指标的角度不同,所以每个评审标准会略有不同,但其评价策略却是相似的。

(1)采取定量评价与定性评价相结合的方法

评价体系过分量化,容易将一些无法量化的内容排除在外,从而影响评价结果的真实、可靠。因此,应采取定性、定量相结合的方式,搜集全面、有效的数据进行评价,提高评价结果的可靠性与可比性。

(2)创建一套完善的评价反馈体系

评价反馈对于准确、清晰地认识微课的建设与使用情况具有重要的意义,同时有利于帮助开发者及时发现存在的问题和不足,提高微课效益。评价反馈体系的创建,应该充分发挥专家小组和网络评价的作用。

(3)统计加权法设定指标的权重

通过统计加权法设定指标的权重,能最大限度地减少评价的随意性,使评价更加科学合理。加权不仅可以显示某些指标在评价体系中的重要程度，而且是评价指标体系取得可比性和客观性的基本保证。

（4）从微课自身特点出发，形成立体化的评价体系

根据微课的特点，从内容到形式，形成一个立体、全面的评价体系。在教学评价中，在注重教学效果的总体评价、学生评价、同行评价等方面的同时，要更加重视对学习者自身的评价以及同伴的评价，进而实现多方位、多角度的教与学的评价，保障人才培养质量。

（5）采用评价反馈再评价的方法

教学评价本身就是一个循环往复的过程，对前次评价的结果进行分析，实际上就是对上一轮评价进行一个全过程的检验，从而为下一次评价提供有效的信息。

第五章　信息技术在实践中的应用

随着以网络和多媒体为代表的信息技术的迅猛发展，教育领域发生了翻天覆地的变化。信息技术教育应用的理论与实践研究不断地改变着学与教的面貌，教学目标、教学内容、教学方式、课堂环境、评价体系等都发生了较大的变革。这种变化在高等教育教学实践中最为显著。本章就主要对网络资源、视听觉媒体、教育效能工具和知识管理工具、远程教育中的自主学习与学习支持、翻转课堂等在高等教育教学中的应用进行相应的探讨。

第一节　网络资源在教学中的应用

网络资源主要是指蕴含了大量的教育信息，可以创造出一定的教育价值，以数字信号的形式在互联网上进行传输的信息资源。这些资源可以供学习者使用，帮助他们学习。在这一过程中，这些资源可以被单独使用，也可以由学习者将它们组合起来使用。在高等教育教学中应用网络资源对教学效果的提高来说无疑具有重大的意义。

一、网络教学资源的类型与特点

（一）网络教学资源的类型

教学中的网络资源根据不同的分类标准有不同的分类方式。从学科角度，可分为语文、数学、英语、物理、化学、历史、地理、生物、政治等教学资源；从语种角度，可分为中文、英语、法语、俄语等教学资源；从资源的作用角度，可分为课件、模拟演示、教案、操作与练习等教学资源；从资源的使用环境角度，可分为基于课堂教学的资源和基于学习者课外自学的资源。

（二）网络教学资源的特点

传统的教学资源容易受到环境、条件的限制，如书本、报纸、杂志等放置时间长了易发黄等。随着现代信息技术的发展，现代信息技术教育中的网络教学资源弥补了传统教学资源的不足，特别是在网络技术高度发展的今天，网络教学资源具有以下几个特点：

1. 数字化

数字化是计算机数据处理和网络传播的本质特性。正像构成物质世界的基本单元是原子一样，计算机处理的数据是 0 和 1 两种状态，构成网络信息世界的基本单元也是 0 和 1 两种状态。教学资源数字化是指将文本、视频、动画等信息经过转换器抽样量化，由模拟信号转换成数字信号。各种各样的图片和声音，归根到底都是通过 0 和 1 这两个数字信号的不同排列组合来表达的。数字信号的可靠性相对较高，能够较容易实现对它的纠错处理。

数字化的意义不仅是便于复制和传送，更重要的是便于不同形式的信息进行相互之间的转换。一定的信息通过编码转换成数字，再经过信道的传输到达终端，然后通过译码还原为一定的信息。这样的教学资源可以通过网络实现远距离传输，学习者可以在任何一台上网的计算机上获取自己需要的信息。

2. 开放性与动态性

随着网络的发展，教学资源已经能够将传统的或者说物理上的空间概念完全打破。从北京到泰国与从北京到杭州的距离，在网络上是一样的。这就意味着现实的地理隔离、国界等限制不复存在，网络上的教学资源可随用随取。此外，对于各种教学资源，其信息结构不再是一成不变的，用户可以对信息进行重新组织、重新建立链接。

所以说，网络教学资源也具有动态性特征。

3.多媒体化与非线性化

网络教学资源的显示呈现是多媒体化的，这是指人们可以利用多媒体计算机技术存储、传输、处理文本、视频等多种媒体学习资源。这与传统的用文字或图片处理信息资源的方式相比要丰富得多，对教学信息和教学资源的种类进行了极大丰富。使用多媒体信息进行教学，不仅可以快速、有效地传递知识内容，还能够灵活适应各种不同类型的学生学习，满足不同层次学习者对学习的需求。

现代信息技术教育中的网络学习资源采用超媒体技术构建，支持文本、音频、动画等多媒体信息，并采用超文本的方式组织信息，这十分适合表现非线性的网状知识，也与人脑的认知思维方式相适宜，能够促进教学信息的有效组织及知识的迁移。所以说，网络教学资源的组织是非线性化的。

4.交互性

交互性是新一代以"学"为中心的教学资源的核心特征，也是区别于传统信息交流媒体的主要特点之一。传统信息交流媒体对信息进行单向地、被动的传播；而交互性的信息化教学资源则可以使人们积极主动地选择和控制信息，从而打破时空界限，学习者可以用同步或不同步的方式进行学习，教师与学习者、学习者与学习者之间可以采用文字、声音等媒体进行双向或多向信息交流。网络上的学习资源是一个全球性的数字图书馆，无论学习者需要何种信息，都可以在其中找到。Web用超媒体的方式对信息进行组织，与人们的认知结构比较符合。另外，现代信息技术教育中的网络教学资源还有极其强大的搜索机制，便于学习者在茫茫的信息世界中快速找到所需的信息。

二、网络教学资源的检索和下载

（一）网络教学资源的检索

1.搜索引擎概述

当我们在互联网上获取需要的某类教学信息却不知道其所在的网址

时，通常使用搜索引擎进行检索。搜索引擎是"一种用于帮助互联网用户查询信息的搜索工具，它以一定的策略在互联网中搜集、发现信息，对信息进行理解、提取、组织和处理，并为用户提供检索服务，从而起到信息导航的作用"。

搜索引擎按其工作方式的不同，主要可以分为三种，分别是全文搜索引擎（Full Text Search Engine）、目录索引类搜索引擎（Search Index/Directory Engine）和元搜索引擎（Meta Search Engine）。

虽然利用搜索引擎能够检索到大量的信息，但是没有任何两个搜索引擎的搜索结果会完全相同。为了获得理想的搜索结果，需要选择合适的搜索引擎。在高等教育教学中，常用的搜索引擎主要有百度、360 导航、Google、有道等。

2. 利用搜索引擎检索教学资源的步骤

（1）明确检索需求。在开始检索之前，首先应该对检索需求进行仔细分析，明确所要检索的是什么样的信息，这是成功进行信息检索的前提。

（2）选择合适的搜索工具。每种搜索引擎都有不同的特点，只有选择合适的搜索工具才能得到最佳的结果。

（3）确定检索范围。网络信息纷繁复杂，因此，要想检索出需要的信息，就必须对网络信息资源进行选择。也就是说，检索的范围对检索的结果起着很大的影响。检索范围过于宽泛或过于狭窄，都会使检索效果大打折扣。

（4）选择合适的关键词。关键词是反映主题概念的词或词组。搜索引擎会根据输入的关键词，自动检索包含关键词的信息。关键词选择，很大程度上决定了检索结果的相关性和有效性。

（5）构造合适的检索表达式。检索表达式是用户检索所用的计算机可以识别的公式，它由检索词和操作符根据一定的语法规则组合而成。检索词是用于检索的正式词；操作符包括逻辑操作符、截词操作符、位置操作符、字段操作符等。检索表达式的构造能否对用户需求进行充分反映，决定了检索质量的高低。最常用的操作符有"+"、空格等。通常情况下，为了让检索结果更加精确，可以输入多个关键词，多个关键词之间用加号"+"或空格进行组合，形成一个检索表达式。例如，搜索《春》（朱自清）一文的写作背景，关键词应该是"春＋写作背景"。如果以"朱自清＋写作背景"为关键词，则找到的是朱自清生平、朱自清作品集等。如果要查找描写春天的古诗，就要以"春天＋古诗"作为关键词进行搜索，不能用"描写春天的古诗"为关键词，这里的"描写"和"的"会影响搜索结果。

（6）正式检索。正式检索通常不用用户亲自执行，用户只需按"检索"或"开始"等按钮即可。计算机检索系统会根据用户提供的检索表达式自动搜索数据库，并且将匹配结果显示给用户。

（7）评价检索结果。对检索所得的结果进行评价，看是否可以满足自己的检索要求，如果已满足，则利用该检索结果，不再对其他检索过程做任何处理；否则，应再回到以上步骤，对检索需求进行重新分析，确定检索范围，重新选择检索工具，必要时修改关键词以及检索表达式，重新进行检索。

（二）网络教学资源的下载与保存

无论通过哪种检索方法搜索到的教学资源，往往都需要从互联网下载到自己的计算机中。由于素材文件的类型不同，其下载方式也不同。

1. 下载素材类资源

对于文本类素材，可以通过选中文字内容，单击【复制】→【粘贴】命令保存所需文字，或者将整个网页另存。

对于图片类素材，可以通过鼠标右击图片，单击【图片另存为】命令保存所需图片，注意在保存过程中更改保存路径。

对于动画、音视频甚至是整个教学资源课件压缩包等其他素材，可以用鼠标指到资源链接地址并单击右键，在弹出的菜单中，选择【目标另存为】选项，即可将资源保存到本地计算机。但是这类资源占用往往比较大，采用点击【目标另存为】的方法来下载，有时速度会很慢，有一些素材还不能直接用点击【目标另存为】的方法来下载。此时，就需要一些专业的下载工具，如网际快车、迅雷、电驴、硕鼠等。这些下载工具都支持多任务下载。

2. 保存网页资源

检索教学资源时，如果需要保存网页中的全部内容，可以打开【文件】菜单，选择【另存为】选项，弹出保存网页对话框，选择对应的"保存类型"，将所需网页的内容全部保存或只以文本文件格式保存到本机。

（1）在保存类型中，选择网页，全部（*.htm；*.html）项，保存的结果是除了具有这个网页的文件外，还有一个文件夹，文件夹里面存储的是该页面的图像、动画等素材信息，断开网络之后，打开网页文件，各类信息都还存在。如果删除该文件夹，那么整个页面也会被删除。

（2）选择【Web 档案，单一文件（*.mht）】项，保存的结果只有一个 mht 文件。此文件中不仅包含了该页面的文本信息，还包含了该页面中的图像等其他信息。

（3）选择【网页，仅 HTML（*.htm；*.html）】项，保存的结果只有一个网页文件。断开网络之后，打开网页文件，则页面只剩下文字信息，其中的动画、图像等各类信息都已经消失。

（4）选择【文本文件（*.txt）】项，保存的结果是一个文本文档，里面只包含纯文本文字信息，多媒体信息均被删除。

3. 收藏网址

利用搜索引擎可以搜索到很多优秀的教学网站，为便于今后访问这些网站，通常需要收藏这些网站的网址。

打开要收藏的网页，单击【收藏】菜单，单击【添加到收藏夹】命令，弹出【添加到收藏夹】对话框。在对话框中，输入网页名称，单击【确定】即可。

为便于对这些收藏的网址进行有效管理，可以创建一些文件夹进行分类管理。在【添加到收藏夹】窗口中单击【新建文件夹】命令，在【文件夹】名后面输入要创建的文件夹的名称，单击【确定】，这样就在收藏夹下面新建了一个文件夹，有关课件类的网址就可以收藏到这个文件夹中。

为了进一步管理收藏夹，可以打开【收藏】菜单，单击【整理收藏夹】命令，弹出【整理收藏夹】对话框，可以对收藏夹进行创建文件夹、对文件夹或网址重命名、移动文件夹或网址等操作。

三、网络教学资源的应用形式

互联网上丰富的教学资源不仅建立了一个拥有大量数据的资源仓库，更发挥着对教育教学强大的支持和服务功能，这些功能极大地冲击着教学结构本身的改革，无论是教师的备课、教学，还是学生的学习，包括教务人员的管理工作，都会因此发生根本性变革。也就是说，网络教育资源实现的是从效率到效果的双重改变。网络教学资源主要的应用形式有以下五种：

（一）电子备课

电子备课的概念是相对于传统的教师基于教材和教学参考书进行备课而言的，它指备课过程的信息化，即利用计算机和其他现代信息技术，以多种媒体信息作为素材，以操作电子文件的方式查阅资料，或制作能够更好表现讲授内容的文字、声音、图形和图像文件，最后以适当的方式将它们有机地集成在某种介质上。

电子备课的资料范围广；备课效率高、生动形象、交流方便。在形式与内容上其突破了传统的文本教案的局限，使得教学环节的设计能够直接运用于课堂，实现教案、课件、学件的综合一体化，有利于学生的个性化学习与自主性学习。

（二）基于资源的学习模式

网络为学习者提供了极为丰富的学习资源，包括数字化图书馆、电子阅览室、网上报刊和各种数据库、多媒体电子书等。学习者只要掌握了一定的信息获取技能，就可以通过各种网上检索机制，方便快捷地获取自己所需要的知识。

基于资源的学习与传统的学习模式有很大不同，这不仅表现在学习者及教师的地位与角色发生了改变，更主要地表现在基于资源的学习强调学习的过程，而传统学习模式强调学习的结果；基于资源的学习侧重于培养学习者发现信息、利用信息解决问题的能力；而传统学习模式侧重于强化学习者对知识的记忆。总之，基于资源的学习模式是一种更适合信息时代网络化社会的学习模式。

基于资源学习的主要目标是为学生提供各种机会，使他们在获得基本知识的同时，学会独立的学习技能，逐步使学生具备终身学习的意识与能力。这种学习模式的特点是：不是将现成的答案直接展现在学生面前，而是为他们提供一个非良构的学习环境，这个环境中包含了要实现学习目标可以参考的各种资源，学生通过对这些资源进行筛选、分析、综合以及实际应用，最终达到对知识的深层建构，并形成信息加工和解决问题的能力。

（三）信息服务

互联网正以一种特殊的顾问身份，为用户提供全方位的信息服务，不仅提供具体的资源内容，还针对用户的实际需求主动提供策略与解决方案。教育教学信息也是其中之一，它能对教育中存在的问题进行诊断和评价，帮助用户找到解决问题的可行性方案。用户通过互联网获取教育信息的同时，也贡献了自己的观点和资源，从而完善和丰富了网络教育信息。网络教育信息中包含了大量优秀的有关教育教学的理论、模式、策略、经验、案例及学科知识，一旦我们求助它，它就可以分析组合所有有关信息，最终给我们一个合理的方案。当然，完全依靠技术的手段来实现是不可能的，网络教育仍需要大量的人工因素，通过制定一系列的信息规则和推理机制，我们才能将原来杂乱无序的信息加工成具有信息服务功能的资源。

（四）知识存储与共享

知识的数字化存储已成为不可扭转的趋势。虽然用于教育中的知识大多是人类长时间的实践所证实了的，网络资源的开发并不能增加知识本身的数量，但它能大大提高知识积累的质量，实现对知识的高效利用。它把原本无序的、零散的知识加以科学组织，使之系统化、条理化，学习者因而能对积累的内容有更为深刻的理解和认识，并能借此发现新问题、产生新想法、得到新启示，实现真正的创新。

互联网集中了每个人所创造的信息，多种多样的信息瞬间就可以存取，跨学科、跨文化的对话和交流可以广泛进行，合作和竞争进一步加强了。求变、求新、多样化和快节奏是网络时代学习的重要特征。它要求我们具备广阔的视野、活跃的思想、敏捷的思维和随机应变的能力，积极地利用网络资源与他人交流并不断完善自我。

（五）模拟体验

网络教学资源以非线性的、更符合人类思维习惯的方式进行组织，既包括静态的数字资源，又包括因人的交流与交互所形成的社会化氛围，如虚拟社区和专题学习网站。蕴含在网络信息中的这些氛围来源于生活在现实中的人，因此，它与现实社会有一定的相似性，但由于其有着媒体属性，每个人都以自由化的方式演绎着个性活动，因此，在网络上的信息活动是一种虚拟的体验，既可以是现实生活学习的模拟，如虚拟实验室、虚拟实验平台、专题学习网站，使位于不同区域的人像同班同学一样共同参与讨论，并协作完成基于实际问题的任务；也可以是对过去和未来的一种幻象，如对历史事件的模拟重放、对宇宙空间的多维展现，使网络能构建出现实教学中无法实现的场景。

第二节　视听觉媒体的特性与教学应用

记忆心理学研究表明，视听觉并用所获得的信息，能得到最高的记忆保持率。所以，在学习过程中，视觉、听觉并用，也必然有利于人们提高学习效率。视听觉媒体正是一种能让视觉、听觉并用，促进学习效果的媒体。它既可以提供活动的图像画面，又可以提供与画面相配合的声音信息。视听觉教学媒体设备主要有电视机、录像机、摄像机、无线电视系统、闭路电视系统等。

一、视听觉媒体的主要特性

（一）视听结合

视听觉媒体是通过形象逼真的画面与优美动听的音乐、音效和语言同时呈现视听觉信息的。图像画面擅长形象直观；语言解说擅长抽象概括；音乐、音效擅长渲染气氛。视听结合多种感官的综合作用，使学生犹如身临其境，有助于在教学中弥补学生实际经验的不足。

（二）突破时空限制

视频具有极其丰富和灵活的时空表现力，能够充分表现宏观、微观、瞬间和漫长的事物及其过程，能够按教学需要有机地组织画面内容，有利于在教学中让学生深入地观察、认识、理解和思考。比如用显微摄像可以将肉眼看不到的现象、过程放大呈现出来，化小为大；用普通摄像手段可将宏观事物缩小呈现在电视屏幕上，化大为小。同时，可以将变化极快和极慢的现象、过程用合适的速度表现出来，化快为慢、化慢为快。应用动画技术可以追溯远古、预测未来、创设时空。应用画面景别的变化，镜头运动和组接技巧，可以表现事物现象的空间和时间变化，更好地引导学生观察。

（三）较强的时效性

通过卫星的电视转播可将世界各地发生的重大事件实时、准确地传遍全球，这样就能使教师和学生及时获得当前新闻，从而大大拓宽他们的视野，让他们在信息获取上更为快捷便利。

（四）灵活多样

随着电子技术的进步，电视教材在制作程序、方法及使用操作上越来越灵活多样。在教材的使用和保存方面可以采用存成录像带、VCD、DVD 等形式，更加符合教学需求并便于携带，可以实现从课堂教学到家庭自学的各种教学模式。

（五）教育范围广

卫星教育电视系统所构建的"天罗地网"，可以同时面对众多观众，也可以进入课堂、进入家庭。它传播面广、受教育面大，使大规模远程教育及终身教育成为可能。

二、电视的教学应用

在视听觉媒体中，电视是最具代表性的媒体。电视是通过通信线路把节目活动现场或记录的景物现象在一定距离之外以图像的形式重现的技术。电视信号的传播过程，就是在发送端通过摄像机将实际景物的光像信息转变为图像电信号，声音信息则通过话筒转变成声音电信号，经过一系列处理后进行发射传输，而在接收端则是通过电视机将电信号还原成图像和声音的过程。

当前，电视广播教育、卫星电视教育、电视录像教育等教育手段由于其特殊的优势，在提高全民文化素质，进行职业技术教育、成人教育、终身教育等方面发挥了较大的作用。以下几个方面是电视类媒体在教学中的常见应用：

（一）利用广播电视系统进行系统教学

系统教学是指采用录像、电视手段进行整门课程的教学。教学信息主要通过卫星广播电视、闭路（有线）电视、录像教学点三种播放形式进行传播，而教师主要参与辅导、答疑、批改作业等。例如，我国的广播电视大学、电视师范学院就主要采用这种教学形式，它不仅可以大面积地传播教学信息，提高教学效率，还可以解决师资不足的问题。

（二）应用电视录像媒体进行示范教学

教育者通过利用电视录像媒体为学生提供典型的示范材料可以进行示范教学，指导学生进行教学实践。在实际教学中，教育者可以利用电视录像媒体将实验原理、实验步骤、实验方法等形象、直观地再现于课堂，对学生进行实验前的指导教学。比如实验前，学生通过观看实验演示录像，不仅能目睹实验的全过程，还能通过不同角度拍摄的近景、特写等画面详细观察仪器设备的构造和细节，依照相应的解说和示范，准确高效地掌握实验操作步骤，同时通过对错操作的比较吸取经验教训，避免类似错误的发生。另外，教师也可避免每次实验讲解的重复劳动，集中精力加强指导。所以，利用电视录像媒体可以优化教学、提高实验教学的质量和效率。

另外，在体育训练时，用电视录像可以展示分解动作及要领；在生产实习中，用电视录像可以展示规范的生产过程和操作方法；在师资培训中，用电视录像可以展示优秀教师的教学精华等。

（三）利用插播教学片辅助课堂教学

在课堂教学中，教师可以根据教学内容及教学计划，直接利用电视教材和播放设备，穿插播放定量的教学片进行辅助教学，及时解决教学中的重点和难点。至于播放什么内容、何时播放、播放长度、播放次数，均可以由教师根据需要及实际情况而随机地选择和控制。这种教学方式不仅能使课堂教学更加灵活，而且能更有效地发挥教师的主观能动性，还能使学生的易受性大大增强。

（四）利用录像反馈加强学生技能培训

微格教学在培训师范生课堂教学技能上具有良好的效果。微格教学是利用摄像机和录像机等设备将每个学生在讲台上的教学过程记录下来，然后通过录像反馈和小组评价，使被培训者能较清楚地认识到自己的优势与不足，从而取长补短，及时纠正存在的问题，并较快地掌握各种课堂教学技能的运作规律。

（五）辅助课外教学

在课外，应用电视录像对学生进行素质教育也是非常好的教育方式。影视题材广泛丰富，内容生动活泼，寓意深刻，教育性和思想性较强，具有极强的吸引力和感染力，易为学生所接受，能给学生多层次、多侧面的直接感受。例如，播放科普教学片，既可以补充教师的课堂教学，还可以开阔学生的视野，扩大知识面，有利于学生综合能力的培养。利用电视教材与中外名片欣赏对学生进行德育、智育、体育、美育、劳动技术教育与心理素质等多方面的教育，不但丰富了学生的课外活动，而且使学生增长了知识，对学生的潜能开发、心理品质培养和社会文化素养提高都有十分重要的意义。

（六）帮助学生自学

电视教材不仅提供了丰富的感知材料，而且有教师在屏幕内外做分析与讲解。所以，学生利用电视教材进行自学，往往要比自学文字教材更有效果。可见，电视媒体还是帮助学生自学的一种理想工具。

第三节　教学效能工具、知识管理工具的应用

一、教学效能工具的应用

教学效能工具就是指能提高教育、教学工作效率的各种工具。当前，微软公司出品的 Microsoft Office 系列办公软件（也被称为办公自动化软件）是教育教学中最常用的效能工具。以下主要对 Microsoft Word（文字处理工具）和 Microsoft PowerPoint（多媒体演示工具）及其应用进行一定的阐述。

（一）文字处理工具及其应用

Microsoft Word 是微软公司出品的 Microsoft Office 系列办公软件之一，它主要用在信函、报告、论文等办公文件排版方面，也用于其他印刷品的排版，比如宣传单、书籍、报纸、杂志等，是人们最喜爱的专业文字处理软件之一，在自动化办公方面应用非常广泛。Word 的主要功能是创建和编排具有专业水准的文档，具体功能包括创建文档、制作文本、绘制图片、设计表格，制作包含有图片、声音、电影的多媒体文件，制作网页并设置各种链接，设置字符、段落和文档格式，编辑长文档，制作批量文档等。

1.Word 在教学应用中的优点

（1）有助于提高教师文字处理的效率。例如，教师借助 Word，可以更为方便快捷地编写教案和备注、编写试卷、绘制教学用图、制作课堂

规章制度列表、批量制作传单、通知、学生经常使用作业单、练习和成绩单，撰写新闻稿和有抬头的信笺，撰写年终报告，批改学生作文。

（2）能制作简单的教学软件。例如，组词成句、组句成段、调整句子顺序、调整文章的段落等电子练习。与手写作业比起来，使用 Word 文档完成这类电子练习尤其是需要重新调整整篇文章的结构和段落的练习更加方便。同时，教师可以很方便地修改这些电子作业并保存为不同的版本；也可以通过拷贝和修改等方法比较方便地面向不同的学生布置有针对性的作业，从而实现"因材施教"。

（3）便捷的编辑、加工、排版、作品展示与打印功能可以节省学生的撰写时间，使学生将更多的精力集中于作品内容。同时，也能使学生的作品形式更专业、更精致、更整洁，既方便教师的批阅，也使学生免去书写难看的尴尬。

（4）采用多媒体写作、超文本和超媒体写作、学生联合写作能拓展学生的写作方式、激发学生的写作兴趣，并使学生的作品更富有个性和创造性。

2.Word 在教学应用中的局限

（1）如果缺乏适当的指导，文字处理工具本身并不能提高学生的写作能力，并且由于文字处理工具在编辑和加工上的便捷性，有可能导致写作的随意性，出现文章结构松散、文字重复拖沓等问题。

（2）缺乏必要的键盘输入能力无法有效地进行文字处理，而过多的键盘输入可能影响手写文本的能力，目前普遍认为这两种能力都是必须具备的。同时，究竟在学生的哪一个年龄段开始学习文字处理也存在着争议。

3.Word 的教学应用

（1）输入学科符号和公式的应用。在日常工作中，很多教师对数学、化学和物理等理科的公式编辑排版，常常采用设置下划线、行间距、字符升降、字符上标和下标等方法编辑排版，操作过程是十分烦琐的，而且排出的公式也不标准。如果采用 Word 进行处理，不仅能方便地排版编辑出标准的、美观的公式和数学、化学等学科的特殊符号，而且会大大提高教师的工作效率。

（2）"修订""批改"操作实现教学交互。Word中的修订功能可以保留团队或者工作组成员对文档不同的修改痕迹，甚至完成对文档的审阅。将此功能引入教学可以加强师生之间的互动，从而改变教学课堂的学与教。教师运用"审阅"工具栏中的"修订""批注""突出显示"等功能，可以批改学生的作文或作业，也可组织学生互评和编辑同一作文或作业；教研室的教师（甚至不同学校的教师）可在合作编写教案和论文时协同工作、相互批改、共同提高。除了文本图形批注功能外，Word还提供了"声音批注"功能进行教学交互。单击"声音批注"按钮（需要用户添加）会弹出"录音机"窗口，并在"编辑区"右侧显示"声音批注框"。教师用"录音机"录制的声音被自动转为"声音批注"，并可保存于文档中；学生双击"声音批注框"的小喇叭图标，即可听到教师慈祥的赞许、鼓励和客观评价之声，这是传统作文或作业批改无法做到的，应大力提倡与推广。

（3）利用"宏"编写教案模板。编写教案是教师的一项日常必做的工作。由于教案内容的翔实性以及教案格式的复杂性，其编写往往占据了教师备课的大部分时间。尤其是很多学校对教案的格式规定相当严格，即便教务部门专门统一提供了教案格式范本，由于格式呆板、排版复杂往往效果不是很好。利用Microsoft Word中的"宏"可以设计出灵活的、个性化的教案设计模板，从而将广大教师从复杂枯燥的排版工作中解放出来，提高了工作效率。当教师反复编写不同的教案时，也可以依据所录制的宏进行添加每个环节，并能根据实际情况加以修改，从而完成个性化的教案。

（4）使用邮件合并功能制作学生成绩报告单。教师在实际教育教学工作中，经常会遇到需要处理具有相同格式和框架但部分项目不同的文档，如学生的成绩报告单、通知、获奖证书、参赛证、名片、工作证等。一份一份地编辑打印，尽管每次只修改个别数据，但仍然十分烦琐。为此，

Word 提供了非常方便的邮件合并功能，可以减少许多重复工作，大大提高了工作效率。批量引用数据源中的数据生成具有相同格式并以指定的方式输出过程称为邮件合并，它是 Word 自动化的重要体现。

（5）研究报告等长文档的编辑。在新一轮的课程教学改革中，教师的角色需要由传统的"教书匠"向"教学研究者"转变。作为教学的实践者和研究者，教师常常会撰写相关的研究型报告、论文等一些长文档。教师利用 Word 可以进行长文档的编辑，在编辑时，通常需要用目录和文档结构图的形式展示其纲要，使文章整体结构和主要内容一目了然，从而便于查找、修改和编辑。

（二）多媒体演示工具及其应用

Microsoft PowerPoint 也是微软公司出品的 Microsoft Office 系列办公软件之一。它是一个专门制作和演示电子文稿的软件，由于文稿中可以带有文字、图像、声音、音乐、动画和视频文件，并且放映时以幻灯片形式演示，所以利用它可以高效、高质地制作出精美的幻灯片，其在教学、学术报告和产品演示方面的应用非常广泛。

PowerPoint 的主要功能是制作和演示电子文稿，具体功能包括创建演示文稿、编辑演示文稿、设置演示文稿版式、编辑和绘制图形、插入及编辑表格和图表、插入和编辑其他对象、放映、打包及打印演示文稿、协同工作等。

1.PowerPoint 在教学中应用的优点与局限

（1）有助于教师和学生制作和演示美观的幻灯片，如制作和演示学术报告幻灯片、产品介绍幻灯片和学习成果展示幻灯片。也可以制作一些简单的动画类和交互类的多媒体教学软件。

（2）课堂教学中采用电子幻灯片，节省了板书时间，大大增加了教学信息量，有利于教师教学方式和学生学习方式的改进。

（3）可以自定义放映幻灯片，针对不同的学生放映幻灯片的不同部分，或按不同的教学顺序播放幻灯片，从而有利于实现个性化教学。

PowerPoint 在教育应用中也是具有一定的局限性的。比如，电子幻灯片无法展示教师个人板书风格的独特性，在书写方面对学生可能产生的潜移默化的影响。

2.PowerPoint 的教学应用

（1）利用 PowerPoint 制作教师教学课件。传统教学以黑板为主要上课工具，教学质量是较突出的，但其难以避免形式单一、灵活性不强等问题。而现代信息技术中的 PowerPoint 技术为教师教学带来了一场新的革命。用 PowerPoint 软件制作课件来辅助教学，能弥补黑板教学缺乏灵活性和单一形式的不足；在教学过程中能传递给学生更多直观的、丰富的信息，有利于拓宽学生的知识面；可以通过创设生动的情境烘托课堂气氛、激发学生学习的兴趣，从而达到一定的教学效果。

（2）利用 PowerPoint 制作宣传展示文件。随着计算机的普及和多媒体技术的发展，运用多媒体教学已经逐渐成为一种趋势，在众多制作课件的软件中，PowerPoint 无疑是比较简单和容易操作的。PowerPoint 不仅可以用于学校教学中的课件制作，还可用于在学校或其他机构制作各类生动形象的宣传文件或者展会文件。在电子幻灯片制作过程中，教师并不需要掌握编程技巧就可以制作出包含文字、声音、图像和动画在内的多媒体展示文件。此外，利用其具有的自动循环播放功能，可以在活动中循环展示，提高工作效率、烘托活动气氛。

二、知识管理工具的应用

知识管理的概念源于企业界，它是企业经济发展的主要驱动力和提高企业竞争的重要手段。伴随着知识经济时代的到来，知识管理越来越受到人们的重视。知识管理的最终目的在于提高个人和组织的应变及创新能力，进而提高组织整体的生命力与竞争力。知识管理的重要内容是实现知识的转化，即显性知识与隐性知识的转化。知识管理的重要过程和步骤是知识的获取、存储、共享、利用、创新不断循环往复的过程，这个过程体现了知识管理的价值链重要性。在当前的教育教学领域，知识管理这一内容十分突出，尤其是在教师专业发展方面。教师如果能更好地进行知识管理，则能大大促进自身的专业能力发展。在当前信息技术环境下，教师的知识管理拥有诸多的信息技术工具支持。

在知识获取上，网络资源、数据库为教师获取所需要的知识提供了便捷的手段，如使用搜索引擎、中国学术期刊网站。

在知识存储上，教师利用数据库等系统可以对显性知识（教案、教学笔记、论文、教学参考资料、课件等）进行有效的分类与整理，使其数字化、档案化。

在知识分享上，基于网络的异步或同步交流工具（如电子邮件、BBS、博客、即时通信等）让教师彼此间的知识交流与分享更便捷。

在知识应用和知识创新上，借助通用教学工具（如概念图、思维导图工具等）和学科平台工具（如几何画板等），教师可以将获取的新知识、新理念在课堂教学实践中付诸实施，并发现教育教学的新知识。

下面主要对博客工具及其应用进行相应的探讨。

1. 博客与教育博客概述

博客源于英文单词 Weblog/Blog，是以网页形态展示个人或群体的日志或札记，也有人把 Blog 翻译为网志。根据语境的不同，有时博客也指书写网络日志的人。博客网页上一般呈现着简短且经常更新的帖子（Post，或称文章或博文），它们按照年份和日期倒序排列，与 BBS 上的帖子或网页上呈现的普通文章不同的是它们可以时间、类别方式组织、整理；它们具有固定不变的网址链接可供阅读者读取；它们具有时间戳印，记录着撰写、编辑的时间；它们标出体现时序性的日期标头。博客的主要特点是频繁更新、简短明了以及个性化。

自从 2002 年下半年方兴东在国内推介博客以来，这个简单易学、几乎没有技术门槛的网络新应用逐渐受到了国内教育界的关注，不断激发着教育工作者的想象力。教育技术专业的老师和学生成为国内较早一批的博客应用者。他们把博客当作自己学习、研究、反思、交流的平台。有的学校、地区把博客作为促进教师专业发展的重要手段，由此涌现了很多优秀的教师博客群，如海盐教师博客、广州天河部落等。总之，博客在教育教学中的应用潜力被不断地挖掘出来，出现了各式各样的博客，如教师个人博客、校园博客网站、校园博客群、区域教师博客群等。其中教授个人博客最受教师青睐，根据每个教师的兴趣和工作重点，这些个人博客在内容主题上分为教学反思、学科教学、教育管理、知识管理、成长档案、家校沟通、课题研究、文学创作等。博客像一块巨大的吸铁石吸引着无数的教师、教育管理者和学生加入，开启有意义的教育博客旅程。

2. 博客在教育中的应用

作为继电子邮件、BBS 和即时通信之后的一种新型网络应用工具，博客在与教育结合的过程中越来越显示出其强大的生命力。当前，博客已融入教师专业发展的实践中，成为教师进行实践性反思和教育叙事研究的重要工具，同时也为教师实现知识管理提供了必不可少的技术支撑。

利用博客，教师可以将关注领域的信息进行有效的分类，特别是利用超链接，把网络上分散的海量信息进行筛选、组织，并在此基础上进行知识的再生产。教师还可以建立自己的个人知识库，收集和整合某个主题的相关教学资料，以便快速提取。

教师对博客的应用无外乎是撰写博文、阅读他人博文、评论他人博文等几个活动，这些活动恰好与知识螺旋式转化过程对应：撰写博文就是教师隐性知识显化的过程；阅读他人博文就是教师消化吸收显性知识并通过教育实践创造出新的隐性知识的过程；评论他人博文和通过博客与同行互动就是教师隐性知识的传递过程；教师利用博客创建知识库就是教师将零碎的显性知识系统化、组织化的过程。因此，教师应用博客的过程就是在自觉地进行知识管理，教师知识的社会化、外在化、组合化和内在化无不体现在教师使用博客的过程中。

第四节 远程教学中的自主学习与学习支持

一、远程教学中的自主学习

远程教学是以"学生为中心",以培养学生自主学习能力为主要目标的一种教学活动。作为知识社会教育体系中的一个重要组成部分,它在高等教育中也得到了充分的应用。它突破了传统教育课堂面授学习的局限,学生能够不受教育时空的限制,充分利用教育技术和多媒体手段,开展自主学习。所谓自主学习,就是"自我导向、自我激励、自我监控"的学习。这种学习充分体现了学习者的主体性和能动性。

(一)远程教学中自主学习的主要特征

就远程教学来说,自主学习主要有以下五大特征:

1. 主动性

远程教学的学习建立在学生从被动学习到主动学习的基础之上,因此主动性是自主学习最突出的特征。它也是开展远程教育的前提和保证。学生主动学习的心声就是"我要学"。"我要学"是学生对学习的一种内在需要,主要表现在学习兴趣和学习责任上。远程教学强调学习方式的转变,要求远程教学的教师在强化责任感的同时,还必须把学习的责任真正地从教师的身上转移到学生的身上。学习者只有产生浓厚的学习兴趣,有明确的学习责任,才能在学习过程中有精力投入、有内在动力的支持,也才能从学习中获得积极的情感体验,取得高效率的学习效果。

2. 独立性

自主学习是独立学习,所以,独立性也是自主学习的主要特征。它在学生的学习活动中表现为"我能学"。"我能学"是学生对学习的一种认知取向,表现为学生能够在学习活动中不依赖他人,选择自己感兴趣的学习内容、确定对自己有意义的学习目标、选择适合自己的学习方式、制定符合实际的学习进度、设计自己满意的评价指标。

3. 技术性

远程教学是信息技术高度发展的产物，因此，远程教学的自主学习是建立在现代信息技术基础上的。远程学习是在师生准分离的状态下进行的，学生的学习是借助多媒体教学资源来完成的，学生只有通过现代信息技术才能将中断的学习行为继续下去。因此，技术性是自主性的第四个表征，它在学生的学习活动中表现为"我能学"。也就是说，远程教学中的学生必须能够熟练地掌握现代信息技术，充分利用多媒体教学资源。

4. 开放性

远程教学中师生异地，没有严格的约束，这给学生的自主学习带来了更大的开放性。开放性在学生的学习活动中主要体现在以下几个方面：入学前，学生可以根据自己的爱好、习惯及优缺点，选择适合自己个性发展的专业；入学后，学生可以根据自己的学习特点及其他实际情况制订学习计划，确定达到目标所需要的时间；在学习过程中，什么时候学习、怎么学习都由自己制定。

5. 监控性

自主学习是一种元认知监控的学习，所以，远程教学中的自主学习也有监控性这一突出特征。这一特征突出表现在学生对学习的自我计划、自我调整、自我指导、自我强化上，即学生能够对自己的学习过程、学习状态、学习行为等进行自我观察、自我审视、自我调节，能够对自己的学习结果进行自我检查、自我总结、自我评价、自我补救。

（二）远程教学中自主学习的过程

在远程教学学习支持系统的支撑下，远程教学中的自主学习过程主要包括下面五个基本阶段。在这五个阶段中，第二个阶段和第三个阶段是远程自主学习的核心部分。

1. 制订学习计划阶段

作为自主学习的主体，学生应该重视、调整自己在传统学习中的学习理念，变"要我学"为"我要学"；要加强学习自律意识，磨炼学习意志，养成自我激励、自我引导、自我发现、自我监控、自我检查和自我评价的学习习惯；要弄清楚课程的目标、要求和难点，使自己的学习有一个比较明确的起点和方向；通过与同学的交流和讨论，制订并调整自己的学习计划；通过交流，与其他的学习者进行深入的讨论，确定自己的大致学习步骤，达到共同进步的目的（在制订学习计划时，从学习支持系统中获取帮助也是非常重要的）；要充分听取教师和辅导人员的建议，在支持学生自主学习的管理制度和管理模式下，获得高度规范的教学管理制度的支持，使自己的学习能够得到必要的保障。

2. 获取学习资源阶段

远程学习者应该熟悉并能使用远程学习技术，这是对远程学习者素质的基本要求。学习者只有对计算机及网络的基本操作有所了解，才能在网上获得自己需要的学习资料。在经济不发达地区，要重视利用文字材料、电视广播等各种学习资源、技术手段进行自主学习。在获取与利用学习资源的具体策略和具体步骤上，一是要确定学习目标；二是要制定学习进度；三是要学会选择媒体资源；四是要注意网络学习资源的选择。

3. 参与合作讨论阶段

这个阶段的讨论不仅包括学生与老师之间的讨论，还包括学生与学生之间的交流和讨论。讨论可以通过面谈、信函、电话、短信息、电子邮件、电子公告板、直播课堂或虚拟教室系统进行。其中，信函与电话在师生不能谋面的情况下是一种较为经济、便捷而又具有广泛适用性的通信方式。而在互联网已经开通的地区，参与合作讨论主要是通过基于网络的通信方式，诸如电子邮件、电子公告板以及其他各种实时或非实时的网络通信工具来进行的。此外，由于远程通信方面的发展，即电视和电话技术的结合通过压缩视频、全带宽或卫星连接，为在虚拟教室里的远程面授教学提供了可能。

4. 提交学习成果阶段

这个阶段相对于其他阶段要简单一些。学习成果的界定比较宽泛，可以是一门课程结束之后书面考试的成绩，可以是就某个主题写作的论文，也可以是理论联系实际工作的项目汇报，一切视自主学习者的具体情况而定。提交的方式也不尽相同，可以是传统学校里提交的纸质材料，也可以是统一的书面考试，在面对面交流不方便的情况下，还可以在网络上开辟一个作业提交区域，将学生的作业按照一定的命名方式提交，然后由教师或教辅人员收齐后进行评价。

5. 评价学习效果阶段

自主学习评价是远程教学自主学习过程中不可或缺的一环，它以内外双向评价为主要特征，即教育者代表社会对受教育者自主学习动机、策略和能力等进行评价与受教育者内部自我监控评价相结合。远程教学中自主学习效果评价的内容包括学生的学习观、学习动机、学习策略、自我监控能力、学业求助能力、学习反思能力等。对采用自主学习这种高度策略化的学习方式而言，单一的评价方法已可行，必然要求在自主学习评价中量性评定与质性评定相结合，并注重动态、纵向地形成性评价。

远程教学将"以学习者为中心"当作核心思想，它要求学习者能实现自主学习。但是，远程学习者由于原本都是在传统的教学模式中接受教育的，要求他们一开始便能自主和自制，显然是不可行的。因此，为保证学习者自主学习的顺利进行，为学习者提供学习支持服务就显得非常重要。

（三）远程教学中自主学习的影响因素

自主学习是学习主体独立地获取知识的行为，因而它要受主体和客体的影响和制约，主体认知水平的高低和客体环境的好坏决定着自主学习的顺利与否和效果好坏，因此，影响远程教学中自主学习的因素可以从以下两方面分析：

1. 主观因素

影响远程教学的学习者自主学习成功的主观因素主要包括学习者学习的基础、动机、能力等方面。

（1）学习基础。如果没有一定的学习基础，那么从事高一层次的学习是比较困难的；如果没有基础知识，那么学习者在以后的自主学习过程中就会遇到种种困难，从而影响自主学习的积极性和自觉性。因此，自主学习应该遵循循序渐进的规律，要先具备一定的学习基础。

（2）学习动机。动机是推动和指引个体从事各种活动的内部动因，其作用在于促进人们进行有目的的行动。学习动机实际上就是学习主体对学习的一种需求，是引起、维持和推动主体学习的一种内部动力。

（3）学习能力。如果学习能力不强，在自主学习过程中，遇到疑难困惑就无法解决，就会动摇信心和丧失勇气，自主学习就难以进行下去。

2. 客观因素

影响远程教学中自主学习的客观因素主要包括两类：一类是自主学习的环境因素，主要有学校环境、家庭环境和社会环境；另一类是自主学习的媒体因素，主要有文字教材、音像教材和计算机网上资源等媒体。

（1）环境因素。学校环境主要包括教室、图书馆、实验室、电脑室、校园文化、气氛、风气、人际关系以及学习支持服务系统等因素。一个宽敞、美丽、宁静、舒适，具有和谐气氛、功能完备的校园，能使人静下心来自主学习；而一个嘈杂喧闹如农贸市场的校园，不能叫人安心学习，更不用说自主学习了。家庭环境主要包括家庭的经济条件，家庭成员的文化程度、思想观念等。经济条件好，在家里学习的条件就好；如果家庭成员不理解、不支持学习者的学习，学习者的自主学习就有较大阻力。社会环境主要指社会学习氛围。社会是学习者学习的大环境，如果一个社会不崇尚学习、不鼓励学习，学习者的自主学习就有很多困惑和干扰。

（2）媒体因素。文字教材是知识的主要载体，文字教材的好坏直接影响学习者自主学习的效果。而对现代远程教育来说，音像教材和网络资源对学习者自主学习的影响也越来越大。

（四）远程教学中自主学习能力的培养

远程教学环境下学生自主学习要求学生能主动地、有主见地学习，也就是要在教学过程中充分调动和发挥学生的主观能动性。在学习过程中，培养学生的自主学习能力尤为重要。要想培养这一能力，需要从以下几个方面努力：

1. 激发远程学习者的学习动力

学习动机是学生自主学习的内在推动力，它主要表现为学生的学习志向和愿望。远程学习者由于入学之前长期处于传统教育环境中，已习惯依赖教师的学习方式，自主学习意识淡薄。因此，远程教育中学习中心和教育者应加强引导，通过各种形式向学习者宣传讲解远程教育的特点和优势，加深学习者对新的教学模式和学习方式的理解和认同，促使他们转变学习观念；通过开展网上答疑、网上讨论、网上测试等活动，帮助学习者对远程网络学习环境进行熟悉和适应，增强他们自主学习的信心。同时，帮助学习者树立对远程学习价值的正确认识，帮助他们通过对自身知识技能、智力水平及学习任务的分析，制定具体的、可实现的学习目标，以激发学习者的自主学习动机。此外，在教学过程中要利用各种教学途径、教学内容和激励机制等，调动学习者的学习积极性和主动性。

2. 丰富远程学习者的学习策略

要培养远程学习者的自主学习能力，教会他们一定的学习方法，重建他们的学习策略是非常重要的。学习策略的熟练掌握和运用是自主学习的重要保障，是一个成熟的独立的自主学习者所必备的能力。在远程教育教学设计中，教育者不仅要注重"授之以鱼"，更要注重"授之以渔"。在具体教学过程中，教育者要在结合教学内容的基础上提供尽量多的范例，讲明相关策略知识及策略使用的范围和条件，给予学习者充分的策略练习机会，使之熟练运用。同时，也可以考虑设计开发基于网络的远程学习策略指导咨询系统，对远程学习策略进行专门指导和训练。

3. 培养远程学习者的自我监控能力

培养远程学习者的自我监控能力就是指培养远程学习者控制整个自我学习过程（识别、规划、管理、评价、修改）的能力。在培养学习者尝试自我识别、组织、制订并执行学习计划、自主选择学习策略的情况下，还要培养其对学习进行自我评价的能力，并在学习的过程中不断总结经验，根据学习的实际情况调整学习的进度和方法，积极探索构建适合自己的、最佳的自主学习模式的能力。另外，要培养学习者通过现代通信技术主动、积极地与学校的教师、教育管理工作者联系，以便在学习环境中形成一个组织良好的反馈系统，帮助他们自主决策，共同探索和营建有效的自主学习方式。

4.加强远程学习者的相互协作，增强归属感

马斯洛的需要理论认为，归属和爱的需要是人的基本心理需要，这种需要若长期得不到满足，就会降低行为效率，造成心理障碍。虽然远程教育以学生的自主学习为主要方式，但也同样支持协作学习。加强协作学习可以减轻远程教育环境中学生的孤独感和心理压力，有效稳定和刺激学生的学习动机。因此，在远程教育的自主学习中，教师要充分利用远程教育的技术优势，使学生在进行自主学习的同时学会并习惯在信息技术支撑的虚拟交流空间进行协作，进行思维的碰撞，以利于他们用多重观念理解知识、思考问题，增加生成性学习的机会，并增强归属感。

5.为远程学习者提供信息技术保障

培养远程学习者的自主学习能力还必须加强信息技术的支撑与保障作用。在教育信息传播过程中，信息技术把教师的教与学生的学紧密联系起来，并通过互相反馈，达到教与学在方式、风格、内容上的最佳契合。现代远程教育环境中的学习，由于与传统的学习方式有所不同，因此更加需要学生主动地通过各种媒体来加强互动，这就是自主学习的精髓，即学习不是在没有支持的独立状态下进行的，而是在主动与周围环境的交互作用下达成的。因此，决定自主学习的关键因素是个体与环境的交互，而支撑交互的信息技术则是自主学习成功的关键因素之一。

二、远程教学中的学习支持

远程教学中的学习除了以课程材料为核心的教育资源创作、设计、开发、发送与评价做支撑外，学生学习支持服务也是一个重要的支撑。完善的学习支持服务系统能够有效保证远程教学质量、降低辍学率，同时直接决定着其成败。因此，必须重视远程教学中学习支持服务系统的构建。

（一）学习支持的内涵

学习支持也可称为"学习支持服务"，是伴随着远程教学而产生的，它一开始只是作为解决函授教学中的辍学问题而提出的一项措施，是课程设计、开发和发送的函授教学的补充部分，但后来逐渐发展成为远程教学的一大基本功能，并逐渐成为新一代远程教学的核心。学习支持服务思想体系伴随着长期的远程教学实践与研究也越来越成熟。

对于学习支持的理解，向来有不同的解释。有学者认为，学生学习支持服务就是师生之间或学生之间的人际面授交流活动。这一界定来源于对传统校园面授教学的亲近和认同。它是对学习支持最原始也是最狭义的理解。后来出现了一种更为普遍的界定，即将学生学习支持服务分为包括师生之间或者学生之间的人际面授活动和基于信息通信技术媒体的双向交流两大部分。远程教学受到关注后，有学者将学生学习支持服务界定为远程学生在远程学习时接受的各种信息的、资源的、人员的和设施的支持服务的总和。

总之，学习支持的内涵变得越来越宽泛。在此，我们认为远程教学中的学习支持就是学生从注册学习课程的远程教学院校得到的各种学习支持服务的总和。

（二）学习支持服务的类型

根据上述学习支持的概念界定可知，远程教育中的学习支持服务主要包括以下四种：

1.信息服务

信息服务既包括向学生单向发送的课程注册信息、广播电视教学节目信息、网络课程教学信息等，也包括对学生求助信息、咨询信息或反馈信息的答复。

2.人员服务

人员服务包括人际面授活动和基于技术媒体的双向通信交互活动两大类。在为远程学习提供的诸多人员服务中，辅导服务或教学辅导是最基本、最重要的一种人员服务，并且是与学生学习课程内容直接相关的一项教学服务。教学辅导服务可以是以班级或小组为单位集体进行的，也可以是个别进行的，可以面授（在平时或周末，在学生工作单位、当地学习中心或其他教学基地，或者举办短期住宿学校或课程培训），还可以通过通信媒体进行"非面授"和"非连续"的函授辅导、电话辅导、电视辅导、音频视频会议辅导和网络辅导等。

咨询服务是除教学辅导之外又一种重要而常见的人员支持服务。它是远程教育院校及其代表对学生在学习期间遇到的各类（与学习有关的和与学习无关的）问题提供解答、帮助和建议的服务。从学习支持服务的功能分工上讲，教学辅导和咨询具有不同的服务功能和内容，对那些与课程学科教学内容有关的问题，以及与各类课程学科性质和教学内容相关的特定的学习方法和策略问题的解答和帮助应该归属教学辅导服务。而咨询通常是对那些与特定课程学科教学内容无关的交流或个人的问题的解答、帮助和建议。

3. 资源服务

资源服务就是给远程教学中的学习者提供全面的资源支持，这些支持涉及资源环境的改善、资源的共享和传播形式的完善、收集学习者对资源使用的反馈信息等内容。在资源服务中，包括课程材料发送、图书馆服务、网络资源服务等形式，其中图书馆服务是最重要的服务形式。这里的图书馆不再是传统的藏书库、阅览室，而是通过计算机网络与各地大学、图书馆、博物馆联网，拥有多媒体、多载体馆藏资源和各种动态开发资料库、数据库的电子图书馆。远程教育院校的图书馆还应具有自己作为开放与远程服务的专业特色，建立从校本部到各地学习中心辐射的分布式网络结构的电子图书馆系统。同时，还要与其他大学的公共图书馆结成紧密的协作关系，实现资源共享。

4. 设施服务

设施服务就是远程教育的院校及其在各地的学习中心或教学站点为学生提供各种学习设施和设备服务。上述信息、资源、人员服务都是在设施服务的基础上进行的，设施服务为其他各类学习支持服务提供了物质技术基础与保障。设施服务主要包括图书馆相关设施服务、视听设备服务、通信设备服务、计算机及网络服务等。

（三）学习支持服务系统的结构

远程教学是一种师生时空分离并依靠媒体技术对教与学的过程再度进行整合的教育形式。由于远程学习者主要以自主学习为主，师生间交互的缺乏和非连续性给远程学习带来很多阻碍，因此为远程学习者提供学习支持尤为必要。世界各国在具体实现远程教育支持服务时，在内容、形式、深度、研究方向上存在许多不同之处，但根据对学习支持服务系统构成要素的分析，远程教育中学习支持服务体系的系统结构一般有四个构成要素，它们分别是学习者、教师、服务资源和通信媒体，四者之间有着紧密的联系。

在支持服务系统里，教师是支持服务的提供者；学习者是支持服务的接收与获得者。教师根据学习者的需求和特点，一方面通过通信媒体与学生进行内容丰富的双向对话交流，向学习者提供针对服务资源的各类支持服务；另一方面积极建设丰富的以通信媒体为载体的各类服务资源，给学生对资源的学习提供支持服务。

学习支持服务系统具有开放性、丰富性、选择性、灵活性、远程性等特征，其总的目标是为学生提供有效的学习引导服务，形成完善的学习服务体系，提供准确、及时、有效的信息服务，提供个性化的职业生涯和职业发展服务等。

学习支持服务系统的运行应坚持以学生为主体，努力为学生自主学习和个别化学习提供完善的管理、咨询、辅导、答疑、沟通等服务，营造一种有助于学生自主学习的环境，不断加强远程教育学生支持服务。远程教育在为自主学习的学生积累丰富学习资源的同时，还要建立一种具有高度平等和互助性的学习方式，形成一种更有活力的学习环境，增强远程教育中学生自主学习的平等性、互助性和理解性，消除自主学习的学生在社交方面的孤独感，这有助于增进学生之间的关系。

（四）构建学习支持服务系统的原则

在现代远程教学的学习支持服务系统的建设与运行中，为保证对远程教学的学习的实际推动效果，要遵循以下几个基本原则：

1. 以学生为中心的原则

以学生为中心是远程教学的本质特征和核心思想，它是指整个学习支持服务系统的构建要充分考虑学生个体差异和全面发展的需要，整个系统要围绕学生的特点、学生的需求和学生的学习设计、组织和运行。这一原则是构建学习支持服务系统最重要、最基本的原则。

2. 多元化原则

学习支持服务系统需要为学习者提供在学习过程中各个环节所需要的所有支持与帮助。在具体实践操作过程中，服务项目、内容要逐步丰富并完善。支持服务的开展应该是多方位、多层次的。比如，在学习资源的服务上，既要提供相对简单的实用资源，如传统文字教材、学习辅导等，又要提供较高级、精致的资源，如多媒体课件、电子教案等网上资源，最大限度地满足学习者的需求。

3. 综合性原则

学习支持服务系统的设计和构建在内容和形式上都要体现出综合性，通过要素的取舍、功能的区分、资源的配置、媒体的选择及关系的协调等方面的统筹规划和综合考虑，使学习支持服务系统能充分发挥其整体功能，取得最大的效应。这就是学习支持服务系统构建的综合性原则。学习支持服务系统要为学生的远程学习提供全过程、全方位的服务，其内容要素就要体现出极高的综合程度，要从分析服务需求、设定服务目标、选择服务策略、传送学习资源、评价服务效果等方面进行综合考虑。

4. 及时性原则

及时性原则一方面要求教师对学习者的服务要求做出及时、快速的反应，以缩短交互影响距离；另一方面要求支持服务系统要根据学科的发展、社会的要求、科技的进步，及时更新学习资源，调整服务策略与方式，使学习者得到及时有效的帮助。

5.适应性原则

学习支持服务系统的支持服务内容、服务项目的设置要符合远程学习者的实际需求，支持服务方式的选择要符合学习者的实际情况，尽可能保证没有一个学习者有接受的不便，或因为某些原因造成服务要求受到阻碍。这一原则要求充分考虑学习者的需求，如学习者的年龄、性别、职业、个性、学习经历、学习动机、经济状况等的差别对学习支持服务系统的不同要求，从而向学习者提供个性化的服务。

6.因地制宜原则

由于各地经济、文化发展存在一定的差异，所以远程教学的发展具有不平衡性。因此，远程教学的学习支持服务系统的构建不能搞一刀切，既应符合现代远程教学的基本原则和要求，也应因地制宜，更应当从教育经济学的角度考虑，既要重视基于互联网的运行平台，也要注意运用有相当运行基础的数字卫星电视、音像等二代媒体。总之，我们不应当简单地以现代化手段和多媒体资源运用的多少来衡量学习支持服务体系构建的质量，而是要提倡在混合学习理念的指导下，因地制宜地去构建学习支持服务体系。

参考文献

[1] 张楚廷. 高等教育研究精粹 [M]. 长沙：湖南师范大学出版社，2020：9.

[2] 李子联. 高等教育经济功能论 [M]. 南京：南京大学出版社，2020：5.

[3] 徐兴旺. 高等教育改革与行政法治研究 [M]. 西南师范大学出版社，2020：8.

[4] 彭拥军，巩雪. 高等教育高质量发展的逻辑 [J]. 江苏高教，2022（10）：9-16.

[5] 林杰，张德祥. 论高等教育的分化功能与整合功能 [J]. 江苏高教，2022（9）：1-9.

[6] 王建华. 论高等教育与工作世界的关系 [J]. 江苏高教，2022（11）：1-9.

[7] 杰弗里·多克，项阳. 高等教育的未来是混合校园 [J]. 中国教育网络，2022（8）：44-45.

[8] 强乐颖. 现代高等教育发展管理质量的思考 [J]. 大学，2022（6）：55-58.

[9] 康宁. 中国高等教育资源配置转型程度的趋势研究 [M]. 南京：南京大学出版社，2019：11.

[10] 胡平凡，张丹. 高等教育法规概论 [M]. 南昌：江西高校出版社，2018：7.

[11] 艾兴. 高等教育学 [M]. 西南师范大学出版社，2020：6.

[12] 马陆亭 . 高等教育研究的价值 [J]. 北京教育（高教），2023（1）：23.

[13] 史乐峰，王松 . 高等教育课程设计 [J]. 科技风，2021（5）：25-26.

[14] 伍飞云 . 高等教育的科学思维拓展 [J]. 教育现代化，2022（19）：164-166，169.

[15] 彭青，赵恒春 . 高等教育公平的价值追求 [J]. 华北水利水电大学学报（社会科学版），2022（3）：42-48.

[16] 史策 . 个体信念与高等教育决策 [J]. 财经问题研究，2022（3）：103-112.

[17] 常桐善 . 高等教育评估文化建设 [J]. 河北师范大学学报（教育科学版），2022（2）：28-32.

[18] 陈光磊，李莉 . 中国高等教育自信的维度 [J]. 枣庄学院学报，2022（1）：95-101.

[19] 杨挺 . 高等教育法规 [M]. 西南师范大学出版社，2020：6.

[20] 马培培 . 高等教育规模扩张与精英教育发展 [M]. 南京：南京大学出版社，2020：9.

[21] 张铭钟 . 新时代高等教育内涵式发展研究 [M]. 北京：中国政法大学出版社，2019：3.

[22] 赵安琪，庞政 . 高等教育行政管理体系探究 [J]. 经济与社会发展研究，2022（26）：224-226.

[23] 于汝清 . 我国高等教育数字化转型探析 [J]. 商丘师范学院学报，2023（5）.